Peter Bachér
Geschenke des Lebens

Peter Bachér
Geschenke des Lebens

Langen Müller

Besuchen Sie uns im Internet unter
www.langen-mueller-verlag.de

© 2005 by Langen Müller in der
F. A. Herbig Verlagsbuchhandlung GmbH, München
Alle Rechte vorbehalten
Schutzumschlag: Wolfgang Heinzel
Motiv: foto-concepts, Bettina Hüß
Satz: VerlagsService Dr. Helmut Neuberger
& Karl Schaumann GmbH, Heimstetten
gesetzt aus der 11/13,5 Punkt GaramondBQ
Druck und Binden: GGP Media GmbH, Pößneck
Printed in Germany
ISBN 3-7844-2987-4

»Was ist herrlicher als das Gold?«, fragt Goethe in seinem Märchen Das Licht.
»Was ist erquicklicher als das Licht?«, fragt er weiter.
»Das Gespräch!«

Inhalt

Einstimmung 11

Der Papst schaut bis in den Grund der Seele 17

»Die Trägheit des Herzens ist eine Sünde« –
Axel Springer 29

»Ich vermisse in Deutschland die Hilfsbereitschaft« –
Joachim Fuchsberger 35

»Es stimmt nicht, dass die Zeit die Wunden heilt« –
Gudrun Bauer 40

»Erfolg ist wie ein wildes Tier, man muss dieses
Tier bändigen« – Nino Cerruti 46

»Den Wert der Freiheit habe ich hinter Stacheldraht
kennen gelernt« – Reinhard Mohn 52

»Wir müssen den Verlust der Macht mit Anstand
und Würde meistern« – Helmut Kohl 59

»Damit eines klar ist: Ich will in den Himmel
kommen« – Frank Elstner 70

»Ziehe die Schuhe erst aus, wenn du an den Fluss kommst« – Norbert Platt   76

»Es gab nach Axels Tod Einsamkeit – bis an die Schmerzgrenze« – Friede Springer   82

»Wir operieren auch nachts – während andere schlafen« – Prof. Dr. Roland Tauber   89

»Tragisch ist, dass wir nichts fest halten können, dass alles verfliegt« – Justus Frantz   94

»Ich hatte den unbändigen Willen, nach oben zu kommen, Karriere zu machen« – Gerhard Schröder   100

»Es gibt leider keine Treue mehr zu den Stars« – Wolfgang Rademann   106

»Die tödliche Krankheit kam zu meiner Frau wie Schnee im Juli« – Michail Gorbatschow   111

»Vom Ruhm des Sieges kann man wirklich nicht lange zehren« – Stefanie Graf   117

»Es bringt Glück, über den Sinn des Lebens nachzudenken« – Hubert Burda   122

»Mein Arzt sagte zu mir: ›In vier Wochen sind Sie tot‹« – Holm Schlemmer   129

»Ich versuchte, einem Soldaten zu helfen, dessen
    Stahlhelm glühte« – Hannelore Kohl   134

»Die ständige Jagd nach Geld verletzt nur eines:
    die Seele« – Udo Jürgens   140

»Wir vergessen zu oft: Das Leben ist in sich selbst
    eine Kostbarkeit« – John Jahr   147

»So schönes Wetter – und ich bin mit neunzig
    Jahren noch dabei« – Aenne Burda   153

»Dinge, die keinen Wert haben, werden heute viel
    zu wichtig genommen« – Giorgio Armani   160

»Schmerzen – das sind Signale, die uns etwas sagen
    wollen« – Antje-Katrin Kühnemann   165

»Ich glaube an eine höhere Macht, die alle
    Geschicke bestimmt« – Teddy Kollek   171

»Früher dachte ich in Jahrzehnten, heute oft nur
    noch in Wochen« – Peter Alexander   177

»In den menschlichen Beziehungen ist das Arzttum
    das Königliche« – Roland Hetzer   183

»Das Spiel um die Macht und Eitelkeit kann
    man vergessen« – Heinz Bauer   189

»Helfen, einfach nur helfen« –
Marita Eisenmann-Klein   197

»Bei Mord ist die seelische Fallhöhe immer
am größten« – Helmut Ringelmann   201

Einstimmung

Wir haben es alle erlebt, irgendwo und irgendwann, wir denken nur nicht jeden Tag daran. Aber es gab diesen Tag, diese Stunde, diese Minute, da ein Mensch in unser Leben trat und sich alles veränderte. Wir wussten am Morgen jenes denkwürdigen Tages noch nicht, was geschehen wird, aber dann passierte es: In irgendeiner Biege unseres Weges trafen wir auf den Menschen, der fortan unseren Lebenslauf verändern würde: Wir haben uns verliebt. Und aus der Liebe wurde eine Verbindung, die, wie immer sie auch verlief, unser Leben in eine neue Richtung führte.

Ja, sie ist eine der großen Geheimnisse unseres Lebens: die Begegnung. Sie naht oft unscheinbar. Ein flüchtiges »Wie geht's« im Vorübergehen kann schon der Auftakt sein. Vorausgesetzt, dass die schnell hingeworfene Frage eine Antwort findet.

»Das Leben ist eine Bühne, du kommst, schaust und gehst«, schrieb vor zweitausend Jahren Seneca. Dieses Wort gilt auch heute, aller technischen Entwicklung zum Trotz. Du bist zusammen mit vielen anderen ein Darsteller in dem gigantischen Stück, das wir »Unser Leben« nennen. Wo dich das Schicksal auch hingestellt hat, weiter hinten, mehr in der Kulisse oder vorne, ganz dicht an der Rampe: Du musst spielen, du musst »es bringen«. Du kannst Charge sein oder Star, es liegt nur bedingt in deiner Hand, welche Rolle du spielst. Sie wird dir zugewiesen. Wie im Theater, so ist es auch im Leben: Ein Regisseur sorgt dafür, ob du im Halbdunkel deinen Part spielst oder ob der Scheinwerferkegel dich voll trifft und zum Helden macht.

Es war der jüdische Religionsphilosoph Martin Buber, der wie kaum ein anderer in die Tiefen unserer menschlichen Existenz schaute und der mit der Formel »Alles Leben ist Begegnung« die Summe seines Denkens so eindrucksvoll formulierte, dass ich schon tausendfach an ihn erinnert wurde – wann immer mir das Schicksal wieder eine denkwürdige Begegnung schenkte: mit Päpsten und Politikern, Ärzten und Managern, mit wunderbaren Frauen, vom privaten Leben gar nicht zu reden. Die Begegnung mit meiner Frau an einem kalten Märztag des Jahres 1947 in Lübeck, bei einem Faschingsball, damals mit Heißgetränk und auf dem Schwarzmarkt ergatterten Ami-Zigaretten der Marke »Chesterfield«. Wir tanzten nach der Musik der Befreiung – Glenn Miller, Tommy Dorsey, Benny Goodman. »Sentimental Journey«. Eine Begegnung, total flüchtig, und doch und doch: Sie war der Start in eine Ehe, die zur goldenen Hochzeit führte.

Es gibt neben dem Buber-Wort ein Zweites, das mein Denken in Richtung Dankbarkeit veränderte, es stammt von dem Dichter Hans Carossa. Wenn Sie es jetzt lesen, dann werden Sie die Dramatik erkennen, die dieses Wort so unvergesslich macht: »Leben ist eine Zusammenkunft, zu der immer nur eine begrenzte Zahl auf einmal geladen ist, und nie wird die Einladung wiederholt.«

Leben ist eine Zusammenkunft – das besagt: Wir haben Mitspieler, die Freunde sein können oder Gegner oder gar Feinde. Eine begrenzte Zahl – das bedeutet, wir sind auserwählt, hier und heute unseren Part zu spielen, »unseren Mann zu stehen«. Und das beliebte Gedankenspiel, in welchem Zeitalter man gerne gelebt hätte oder leben möchte – als Feldherr im alten Rom, als Kammerdiener am fürstlichen Hofe, als Klosterbruder in einem mittelalterlichen Gewölbe oder als Mondfahrer und Marsbezwinger in hundert oder tausend Jahren –, ist eben nur ein Spiel der Fantasie. Die Realität ist eine andere, du musst heute spielen, »denn die Einladung wird nie wiederholt«.

Und wo spielen wir? Auf dieser Erde. Und was ist diese Erde? Ein Schauplatz wüster Kriege, grausamer Schlachten, teuflischer Terror-Anschläge, tödlicher Krankheiten, voller Schmerzen, Leid, Elend, Armut, gepeinigt von Mord und Totschlag. Als ich mit dem wortgewaltigen Prediger der Hamburger Michaeliskirche, Professor Helmut Thielicke, über diese Frage sprach, als ich ihn fragte, wie Gott den ganzen Erdenjammer zulassen könne, sagte er zu mir: »Wissen Sie, wie ich mein neues Buch nenne?« – »Nein«, sagte ich. »Ich habe ihm den Titel gegeben: ›Zu Gast auf einem schönen Stern‹. Das, mein Freund, ist die Sichtweise, die auch möglich ist, wenn du auf diese Erde schaust: Sie ist wunderbar, sie ist erfüllt mit einer herrlichen Natur, sie schenkt uns den Sonnenaufgang und nach dem Sonnenuntergang die Gewissheit, dass die Sonne morgen wieder am Horizont erscheint. Es wäre besser um unsere Welt bestellt, wenn wir alle in unserer Treue so zuverlässig wären wie die Sonne.«

Die Begegnung mit diesem Gottesmann, sie hat mich beeindruckt, wohl auch geprägt. Bei allem Leid, bei allen Grausamkeiten, die tagtäglich gemeldet werden, und die Tagesschau des Fernsehens ist ja nichts anderes als das tägliche Krankenblatt über den Zustand dieser Welt – ich fühle mich seit jenem Gespräch zu Gast auf einem schönen Stern, denke immer wieder an dieses Wort des Predigers zurück.

Ich gebe zu: Ich bin süchtig nach Lebensweisheiten. Nach den Rezepten der Menschen, die ich für Lebenskünstler halte. Ich lese gerne und immer wieder in den alten Schriften, was die großen Denker von Marc Aurel bis Schopenhauer zu sagen haben. »Fange jetzt zu leben an und zähle jeden Tag als ein Leben für sich« – vor einem solchen Seneca-Satz kann ich niederknien.

Und immer geht es schließlich doch nur um die eine Frage: Was muss ich tun, um glücklich zu sein, was muss ich vermeiden, wo ist der Pfad, der zum inneren Frieden, zum erfüllten Leben führt?

Alleine, das lehrt die Erfahrung, kann ich es nicht schaffen. Ich brauche die Begegnung mit den Menschen. Oft sind es ganz unscheinbare Begegnungen, nichts Dramatisches, aber sie geben dem Tag ein freundliches Gesicht. Der Blumenstrauß, den Kollegen mir am ersten Arbeitstag auf den Schreibtisch stellen; der Schlüssel, mit dem mir der Verkäufer meine eigene, soeben erworbene Wohnung übergibt; der Arzt, der nach dem Röntgen zu mir sagt: »Sie müssen sich keine Sorgen machen, alles ist in Ordnung«, die kleine Enkeltochter, die zum ersten Mal ihre Händchen in die meinen schmiegt und flüstert: »Ich hab dich lieb«; der Ostwind, der an der See über die Dünengräser streift und mich spüren lässt: Das Wetter hat sich gedreht, die nächsten Tage werden wieder wunderschön.

Kein Tag ohne Begegnungen, und jede Begegnung ändert den Kurs unseres Lebens. Oft wissen wir es gar nicht, bemerken die Auswirkungen erst später. Ein Freund wundert sich, dass er auf Knall und Fall gekündigt worden war. Was er vergessen hatte: Als er vor Wochen seinem Chef in übermütiger Laune ein paar Grobheiten an den Kopf warf – und das auch noch vor Zeugen in einer Konferenz! –, da hatte er den Keim für den Rausschmiss gelegt. Der Chef ließ sich die Demütigung einfach nicht gefallen. Das war eine Begegnung auf der dunklen Seite der Straße.

Die anderen, die erfreulicheren, geschehen »on the sunny side of the street«. Von diesen Begegnungen möchte ich berichten. Ich möchte keine dieser Begegnungen, keines dieser Gespräche missen. Ich habe es immer als Geschenk empfunden, dass sich mir als

Journalist Türen öffnen, die sonst verschlossen sind. Diese Momente der Nähe zu den Menschen, die »es geschafft haben«, die vieles von dem besitzen, wovon andere nur träumen – Geld, Macht, Glanz und vor allem Aufmerksamkeit als die kostbarste Währung unseren Medienzeitalters – haben mir geholfen, immer wieder die eigene Mitte zu suchen und zu finden. Getreu der Erkenntnis: Es gibt kein Gespräch, wenn es denn ernsthaft geführt wird, aus dem man nicht ein Stück Lebensweisheit mitnehmen kann.

Der Papst schaut
bis in den Grund der Seele

Was ich nie zu träumen wagte: Besuch beim Heiligen Vater, Privataudienz bei Johannes Paul II. in seiner Privatbibliothek in Rom. Eine Lehrstunde, die mir zeigte: Man muss das Unmögliche erhoffen und den Glauben an Wunder nie verlieren. Denn die Ehrung des Papstes im Vatikan mit der »Goldenen Kamera« war für mich ein Wunder – und zugleich ein wundervolles Erlebnis.

Geheimnisvoll, wie sich große Ereignisse ganz harmlos anbahnen. 22. Oktober 1978. Ein nasskalter Tag am Tegernsee. Ich habe zum ersten Mal den Wintermantel aus dem Keller geholt, für einen morgendlichen Spaziergang. Warum ich noch einmal den Fernseher einschalte, obwohl ich doch weggehen will, weiß ich nicht. Ich tat es. War da nicht eine Übertragung aus Rom angesagt, Amtseinführung des neuen Papstes?

Wie hieß er noch? Karl Woytila. Man kann ja mal reinschauen. Immerhin: zum ersten Mal ein Pole auf dem Stuhl Petri. Das hat ja auch etwas Faszinierendes, politisch gesehen, und menschlich sowieso. Ein Mann, 58 Jahre jung, sportlich, dynamisch.

Ich schaute auf die Szene vor dem Petersdom, sah, wie sich der Oberhirte der Kirche seinen Gläubigen vorstellte, Bilder von einer Eindringlichkeit und Erhabenheit, wie ich sie zuvor im Fernsehen noch nicht gesehen hatte, schon gar nicht bei einer Livesendung.

»Komm, schau zu«, sagte ich zu meiner Frau, die ebenfalls in Hut und Mantel zum Aufbruch bereitstand. Und so blieben wir sitzen, starrten gebannt auf die Zeremonie, erblickten zum ersten Mal das Gesicht des neuen Papstes – und konnten uns der Faszination nicht verschließen, die von dieser Feier ausging.

In diesen Momenten ahnte ich natürlich noch nicht, dass ich diesem Papst ein paar Monate später in einer Privataudienz im Vatikan die Hand geben und zu ihm sprechen durfte, dass ich eine Begegnung erleben würde, die mich überwältigte wie keine andere in meinem fünfzigjährigen Journalistenleben, denn ich erlebte einen Menschen, der bis in den Grund der Seele schaute.

Es hatte mit einem Telefonanruf begonnen. Viele unglaubliche Geschichten beginnen mit einem Anruf. Man zuckt zusammen, wenn der Augenblick gekommen ist, da man spürt: Achtung, hier bahnt sich etwas Schicksalhaftes an! Der Anruf kam aus Wien, am Apparat war der Journalist Walther Staudacher, ein Kollege in der Wiener HÖRZU-Redaktion. Er käme direkt aus einem Gespräch mit dem »hochverehrten Herrn Kardinal«, und er hätte eine unglaubliche Nachricht.

Was denn so unglaublich sei? – fragte ich zurück. Der Wiener Erzbischof Kardinal Franz König hätte einen Satz gesagt, den er mir nun weitergeben müsste. Und dieser Satz lautet: Der HÖRZU-Chefredakteur in Hamburg möge doch einen Brief nach Rom schreiben und dem Papst die Ehrung mit der Kamera ankündigen – dann würde man ja weitersehen.

Was war geschehen? Staudacher hatte nach einem Interview, schon im Hinausgehen, in Erinnerung an die festliche Amtseinführung und die ersten Wochen des Papstes im Amt, eher beiläufig gesagt, dass dieser neue Papst so medienwirksam auftreten würde, dass HÖRZU ihn am liebsten mit dem Fernsehpreis »Goldene Kamera« auszeichnen würde, »aber das geht ja nicht«.

Nun war dieses »Es geht ja nicht« eine völlig richtige Einschätzung, denn dass ein Papst in Rom die Ehrung einer Fernsehzeitschrift genau aus Hamburg entgegennimmt, das könnte man sich nicht einmal in seinen kühnsten Träumen vorstellen. Hätte jemand in einer Sitzung der Juroren vorgeschlagen: »Goldene Kamera für den Papst«, er wäre glatt ausgelacht worden. Unmöglich. Gar nicht dran zu denken. Journalistischer Hochmut. Vermessenheit, mehr noch Größenwahn!

Ich fragte zurück, ob sich der Herr Kollege bei aller Liebe nicht irren würde. »Vergessen Sie Ihre Zweifel«, antwortete Staudacher aufgeregt, der Herr Kardinal habe das so gesagt, wie er es mir soeben mitgeteilt hat – man erwarte nun in Rom den Brief des

Chefredakteurs aus Deutschland. Und eines sei doch wohl klar: Kardinal König sei doch nun gewiss nicht ein Mann, der mit den Medien Katze und Maus spiele.

Vorausgegangen waren Diskussionen in den HÖR-ZU-Redaktionen in Hamburg und Wien, welche Sendung man als »eindrucksvollstes Fernsehereignis des Jahres 1978« auszeichnen könne. Und alle in der Jury waren sich einig, dass es die TV-Übertragung der Amtseinführung des neuen Papstes war – mit der über drei Stunden dauernden Übertragung aus Rom hatte sich das Massenmedium Fernsehen zum ersten Mal überzeugend in den Dienst des christlichen Glaubens gestellt.

Und nun also: der Brief! Ich schrieb an den Heiligen Vater, dass wir ihm gerne die »Goldene Kamera« überreichen würden, stellte HÖRZU als größte Fernsehzeitschrift auf dem europäischen Kontinent vor: mit über vier Millionen Auflage und mit über dreizehn Millionen Lesern. Sicher imponierende Zahlen, aber würden sie den Oberhirten der Weltkirche in Rom beeindrucken?

Ich gab den Brief mit dem Gefühl in die Post: Man kann es ja mal versuchen; der Staudacher in Wien hatte es so begeistert empfohlen, dass es geradezu pflichtvergessen gewesen wäre, der Anregung des Kardinals nicht zu folgen.

Dass das Unmögliche dann möglich werden sollte, gehört für mich zu einer lebensverändernden Erfahrung: Man muss kühne Träume haben, man darf vor den eigenen Zweifeln niemals kapitulieren, man sollte eine Hoffnung nie aufgeben.

Was dann ein paar Wochen später geschah, versetzte mich in ein ungläubiges Erstaunen: Ich hielt tatsächlich einen Antwortbrief aus Rom in den Händen. In fein ziselierter Schrift stand darin geschrieben, dass der Heilige Vater zur Privataudienz bittet. Ich konnte es nicht fassen. Ich verließ sofort mein Büro, ging einmal um den Block, holte tief Luft. Alles hatte ich erwartet – nur dies nicht. Aber warum eigentlich? Weil ich die katholische Amtskirche für so armselig hielt wie meine Zweifel? Weil ich mir gar nicht vorstellen konnte, dass unsere Delegation aus Hamburg und Wien im Vatikan empfangen wird, Journalisten noch dazu, und dann noch mit einem Medienpreis in den Händen, der zwar in Deutschland bei Künstlern und Medienstars hoch geachtet ist, aber im fernen Rom doch völlig unbekannt.

Gleichwohl: Die Einladung war da! Und nun ging alles ganz schnell. Der Hamburger Juwelier Hubertus Wilm, der Hofjuwelier aus Dresden mit der Nachkriegsadresse am Ballindamm an der Binnenalster, musste in höchster Geschwindigkeit und in Nachtarbeit die Kamera herstellen, »außer der Reihe« und wie bei allen Preisträgern mit der Namensgravur. Gleichzeitig buchten wir die Flüge, koordinierten die Termine, baten den österreichischen ORF-Korrespondenten in Rom, Alfons Dalma, für unsere Delegation einen Kameramann zu engagieren, »für alle Fälle«, obwohl bekannt war, dass bei solchen Anlässen im Vatikan grundsätzlich nur der hauseigene Fotograf zugelassen ist. Aber wenn der neue Papst eine »Kamera« entgegennimmt, vielleicht gestattet er auch, dass wir unseren eigenen Kameramann mitbringen.

Tage später in Rom, Vorfrühlingsstimmung lag in der Luft, über der Stadt spannte sich ein blauer Himmel, wie ich ihn in Hamburg in all den Winterwochen nie gesehen hatte. Die »Goldene Kamera« deponierte ich im Safe des »Hassler-Hotels« an der Spanischen Treppe. Der Concierge schaute verblüfft, als ich die Statue auspackte. »Für wen ist denn das?«, fragte er mich neugierig, und als ich sagte: »Für den Papst«, schaute er mich mitleidvoll an, als wollte er sagen: Ein Spinner hat hier Logis genommen, einer dieser seltenen Vögel aus der Welt der Medien, die glauben, sie sind wer weiß was und können uns erzählen, was sie wollen.

Ich will nicht übertreiben, schon gar nicht, wenn ich über den Heiligen Vater schreibe, aber eine Packung Benson Hedges habe ich aus lauter Nervosität an dem Tag vor dem Tag aller Tage sicher in Rauch aufgelöst. Und dass mein Puls raste, als unsere kleine Delegation sich am nächsten Morgen auf den Weg zum Vatikan machte – das wird sogar jeder verstehen, der nicht eine solche Mission vor sich hat. Und dass mein Blutdruck über zweihundert kletterte, habe ich zwar nicht nachgemessen, aber ich fühlte mich so.

Am Abend vor diesem Tag hatte es noch in einem kleinen Lokal auf der Navona ein Abendessen mit Kardinal König gegeben, »zum gegenseitigen Kennenlernen und zur Einstimmung«; ein Abend in erwartungsvoller Stimmung. Und zum ersten Mal spürte ich geradezu auch körperlich, dass ich es mit einer Weltkirche zu tun hatte, um mich herum saßen Bischöfe und Kardinäle aus Indien, Amerika, Australien, übrigens durchaus weltlich in jener gehobenen genussvollen Stimmung, wie wir sie auch bei unserem »Italiener« um die Ecke erleben.

Am nächsten Morgen sollte sich dann verwirklichen, was ich mir bisher nur in meiner Fantasie ausgemalt hatte: die Fahrt zusammen mit Kardinal König durch Rom hin zum Vatikan. Schon an den Straßenkreuzungen war zu beobachten, wie die Polizisten am Straßenrand salutierten, als sie den Kardinal aus Wien erblickten – Zeichen einer ungeheuren Popularität, die dem Wiener Kardinal König auch in Rom zuteil wurde, wo er ja als »Papstmacher« bekannt war.

Als wir durch ein Seitentor in die Vatikanstadt einbogen, übernahmen die Jungs von der Schweizer Garde den Schutz, sie salutierten, als Kardinal König dem Wagen entstieg. Wir waren auf jenem Platz eingetroffen, der im Allgemeinen nur Staatsoberhäuptern, Botschaftern und hohen geistlichen Würdenträgern vorbehalten ist. Ein Lift brachte uns in das zweite Stockwerk, wo sich ein Prunksaal an den anderen reiht. Wir gingen den freskengeschmückten langen

Gang in Richtung Privatbibliothek, um in einem Vorzimmer des Vorzimmers zu landen. Unter einem El-Greco-Gemälde saßen wir nun in Erwartung der Begegnung. Mein Herz klopfte, als gäbe es Hammerschläge in der Brust.

Dann endlich: Die Tür öffnet sich! Ich stehe vor dem Papst, in der Hand die »Goldene Kamera« und ein Blatt Papier, Stichworte für eine kleine Ansprache, in der ich die Begründung für die Ehrung vortragen wollte: Dass nämlich Johannes Paul II. wie kein Papst zuvor sich den Medien geöffnet habe und damit eine neue Beziehung zwischen Kirche und Gläubigen geschaffen hat.

Das war der Moment, da ich glaubte, wirklich zu träumen, handelnde Figur in einem Film zu sein, dessen Drehbuch ich gar nicht kenne. Ja, Angst überfiel mich für Sekunden, ob ich die richtigen Worte finden würde, obwohl der Papst mich zuvor mit einem fröhlich klingenden »Grüß Gott« begrüßt hatte, ein Willkommensgruß, wie er herzlicher nicht sein kann. Dabei hatte sich Johannes Paul II. mit seinem Arm in meinen eingehakt.

Was in den nächsten Sekunden geschah, habe ich dann als Wunder empfunden: All meine Befürchtungen, es könnte etwas schief laufen, etwas Protokollwidriges womöglich, waren verschwunden, wie weggezaubert von diesem Mann, aufgelöst durch seine Güte.

Seltsam, dachte ich später, dass diese altmodischen Tugenden, zu denen Güte ja gehört, noch immer so gut funktionieren – vielleicht, weil sie so selten geworden sind? Und das Wichtigste: Ich glaube, der Papst hatte sofort und instinktiv meine Nervosität und meine Befürchtungen gespürt. Er hatte genau hingesehen, er hatte sich nicht mit dem Schattenriss begnügt, von dem einst Jean Cocteau gesprochen hatte: Unsere Epoche sei keine des wirklichen Sehens. »Sie verweilt nicht bei einem Gesicht, der Ausdruck rührt sie nicht, die Liebe langweilt sie – die Verehrung dieser Epoche gilt den Schattenrissen«.

An diesem trostlosen Befund, ausgesprochen von dem französischen Universalgenie vor vier Jahrzehnten, hat sich nichts geändert. Wir haben uns an das Fern-Sehen gewöhnt und das Nah-Sehen verlernt, denn Nahsehen bedeutet: im Antlitz eines Menschen die Spuren seiner wirklichen Befindlichkeit zu suchen. Aber wer »verweilt« noch in einem Gesicht? Nein, wir tasten es blitzschnell ab, wie Scanner im Supermarkt die verschlüsselten Preisangaben, ja, uns reicht allemal der Schattenriss. Dafür zahlen wir einen Preis: Mit der Kühle und Kälte, die im menschlichen Miteinander in unsere Gesellschaft eingezogen ist.

Dieser Papst aber, er hatte sich nicht mit dem Schattenriss begnügt! Er hatte genau hingeschaut, und nun sagte er zu mir fast väterlich: »Auch ich habe eine kleine Ansprache für euch vorbereitet – und wir beide werden das jetzt sehr gut machen.«

Und so geschah es. Der Film, den unser italienischer Kameramann bei der Zeremonie drehen durfte – der Papst hatte sich souverän über das Fotoprotokoll hinweggesetzt und unsere eigenen Filmaufnahmen gestattet – zeigte mir später: Ich war gelöst wie selten in meinem Leben, fühlte mich von allen Ängsten befreit, als habe ein Arzt mir soeben mitgeteilt, dass es keinerlei Befunde geben würde, die mir Schrecken einflößen könnten.

Der Papst sprach dann im akzentfreien Deutsch zu uns – der Text seiner Ansprache war am nächsten Tag auf der ersten Seite der Vatikan-Zeitung »L'Osservatore Romano« nachzulesen. »Sendungen und Kommentare über das oberste Amt der katholischen Kirche finden gegenwärtig erhöhte Aufmerksamkeit, das darf uns alle mit berechtigter Freude erfüllen. In diesem Sinn möchte ich auch Ihr ehrendes Geschenk, die Goldene Kamera Ihrer Zeitschrift, verstehen, die ich dankbar entgegennehme.«

Karin von Faber, Chefreporterin der HÖRZU, die zu unserer kleinen Delegation gehört, musste schmunzeln, als der Papst mit den Worten beginnt: »Meine Damen und Herren …«, um sich dann abrupt zu unterbrechen, »entschuldigen Sie, ich muss natürlich sagen: Meine Dame, meine Herren – leider ist es ja so, dass Damen uns viel zu selten hier besuchen.«

Der Papst hatte Recht: Um ihn herum Männer, nichts als Männer. Allen voran die Schweizer Garde, deren Pumphosen-Kostüm einst Leonardo da Vinci entwarf. Und alles Leben findet hier in einer geheimnisvollen Atmosphäre statt. Die Statuen der zwölf Apostel, mit mittelalterlichen Christusbildern an den Wänden und den Decken, die noch Raffael, später

Bauleiter der Peterskirche, ausgemalt hat. Sie alle künden von der Macht und der Herrlichkeit der römischen Kirche.

»Dies ist eine der großen Aufgaben von heute«, fuhr der Papst fort, »helfen Sie mit Ihrer weit verbreiteten Zeitschrift mit, die Hörer und Zuschauer zu einem ausgewogenen und kritischen Gebrauch der modernen Kommunikationsmittel heranzubilden, auf dass diese wunderbaren Eigenschaften der Technik ihnen zu einem echten geistigen und moralischen Fortschritt gereichen. Dafür begleiten Sie meine besten Wünsche.«

Mit anderen Worten: Macht die Welt menschlicher – Gedankenlosigkeit und Gleichgültigkeit sind der Tod der Seele. – Eine Bitte, die auch zugleich eine Mahnung war: Die Medien sollten berichten von dem, »was wahr und edel, gerecht und rein ist und würdig, geliebt und geehrt zu werden«.

Zum Abschluss der Audienz überreichte uns der Papst Souvenirs – dabei schmunzelte er amüsiert: »Über die Aufmerksamkeiten, die ich Ihnen jetzt überreichen darf, wird die Dame sicher glücklicher sein als die Herren. Für sie hat das Protokoll einen Rosenkranz vorgesehen, für die Herren eine Münze, die mir offen gestanden gar nicht gefällt – ich denke, das werden wir ändern müssen.«

»Gottes Diener weiß eben, dass der Teufel im Detail steckt«, schrieb Karin von Faber in ihrer Reportage über unseren Besuch in Rom. Und was dachte sie, als der Papst ihr entgegeneilte, seine Bewegungen waren dynamisch, seine Soutane strahlte in jenem Weißweiß, das deutsche Hausfrauen angeblich vor Neid erblassen lässt? Die Journalistin musste nicht lange nachdenken, der erste Eindruck war sofort da: »Der neue Papst, das ist einer, wenn der im polnischen Winter mit dem Auto hängen bleibt, dann betet der nicht – der sammelt Holz, macht ein Feuer und überlebt, bis er gerettet wird. Solche Leute braucht der liebe Gott.«

Damals war der neue Papst noch kein Jahr im Amt, aber es war schon erkennbar, dass dieser Papst sich den Medien mehr öffnen würde als jeder seiner Vorgänger, dass mit ihm eine neue Beziehung zwischen der Kirche und den Gläubigen geschaffen wurde.

Seine Bitte an mich, ich möge mithelfen, »die Menschen zu einem kritischen Gebrauch der neuen Kommunikationsmittel anzuhalten«, hatte geradezu prophetischen Charakter. Als der Papst diese Worte sprach, waren TV-Sendungen, die das Verspeisen von Maden und das Bad in Kakerlaken als Höhepunkt abendlicher Unterhaltungen anbieten, noch nicht einmal in der Planung.

»Die Trägheit des Herzens ist eine Sünde«

Axel Springer war ein genialer Verleger, ein begnadeter Zeitungsmann, ein Visionär, der den Glauben an die Wiedervereinigung nie verloren hatte. Ein Mann, der mit dem Herzen dachte wie kaum ein anderer.

Ist es wirklich wahr? Sind schon 20 Jahre vergangen, seit uns Axel Springer verlassen hat? Liegt sein Todestag, der 22. September 1985, schon so weit zurück?

Wie oft habe ich in all diesen Jahren gedacht: Jetzt müsste er zur Tür hereinkommen, um uns zu sagen, wie es weitergeht mit uns und unserem Leben, von dem er so viel wusste, weil er in die Tiefen der menschlichen Seele schaute und sich durch keine glitzernde Oberfläche blenden ließ.

Unvergessen für mich ein Besuch 1978 auf seinem Gut Schierensee, eingebettet in die Weite des Nordens in Schleswig-Holstein. Er liebte die Horizonte, den offenen Himmel. Mein Verleger stand schon draußen auf der Freitreppe, die zum Herrenhaus führt, als ich Punkt neun Uhr vorfuhr.

Kein starres Zeremoniell, wie es die vermeintlich

Wichtigen gern inszenieren, kein Warten, keine langen Gänge ins Zentrum der Macht – Axel Springer nahm seinem Besucher mit wenigen Worten sofort jede Befangenheit.

Wir wollten über seine Zeitungen und Zeitschriften sprechen, welche Verantwortung es bedeutet, jede Woche Millionen Leserinnen und Leser zu haben, und wie man mit dem mächtigen Medium Fernsehen klug umgeht. Während ich nun, mit Unterlagen gespickt, über Auflagen, Titelbilder, Blattstrategie reden wollte, kam mir Springer zuvor, fragte mich, ob ich schon die jüngsten Meldungen aus Israel gehört hätte, was mit dem aufflackernden Anti-Amerikanismus los sei, wie ich die Lage des eingemauerten Westberlin beurteile, ob das Fernsehen ein getreuer Spiegel oder eher ein Zerrspiegel all dieser Entwicklungen sei – die ihn, wie er freimütig bekannte, bis in die Tiefen der Nacht mit Schlaflosigkeit verfolgten.

Jedes Gespräch mit Springer wurde unweigerlich zu einem philosophischen Diskurs, und immer ging es ihm um die Menschen, für die wir Journalisten schreiben. Er selbst führte eine brillante Feder, brachte Wahrheiten meisterlich auf den Punkt.

»Ich glaube, wir Deutschen sind dabei, Freizeit mit Freiheit zu verwechseln«, schrieb er. Immer wieder mahnte er, die ›Trägheit des Herzens‹ sei Sünde. Und er bat mich, mit den Künstlern behutsam umzugehen. »Achten Sie darauf, dass wir sie nicht mit ein paar übermütig hingeschriebenen Zeilen in ihrer Existenz zerstören.«

Für mich eine vertraute Melodie: Schon 1953, als die BILD-Zeitung gerade das Laufen lernte, ermahnte AS, wie wir ihn nannten, die junge Redaktion der jungen Zeitung: »Der Leser entschuldigt die größten Buchstaben, aber nicht die kleinste Unwahrheit.«

Nur aus solch humaner Gesinnung heraus ist es zu verstehen, dass der Verleger bei der Verleihung der Goldenen Kamera einmal sagte: Wenn auch nur ein Mensch in schmerzvoller Nacht durch die Leistung des Künstlers getröstet wurde, so habe der die Auszeichnung schon verdient.

Unvergesslich für mich mein erster Flug 1973 nach Tel Aviv, zur 25-Jahr-Feier des Staates Israel. Wir fuhren nach Jerusalem, der Stadt, von der die Legende sagt: Zehn Maß Schönheit sei auf die Welt gekommen, Jerusalem erhielt davon neun Maß, zehn Maß Leid sei über die Welt gekommen, Jerusalem erhielt neun Maß.

Am nächsten Morgen bei Teddy Kollek, Bürgermeister, schon damals eine Legende. Interview. Am Schluss seine Frage: »Möchten Sie noch sehen, was Ihr Verleger hier in Jerusalem alles bewirkt hat?«

Ich dachte, die eine Stunde habe ich noch Zeit, ehe meine Frau und ich weiterfahren wollten – nach Jericho, zum See Genezareth, nach Bethlehem, Haifa. Teddy stellte uns einen Fahrer zur Seite, und was soll ich sagen? Vier Stunden waren wir unterwegs – Dokumentationszentrum, Bibliothek, Krankenhäuser, Jugendheime, »alles gespendet von Ihrem Chef«, wie der Mann erklärte.

Kein Wunder, dass ich von all dem in Hamburg nichts gewusst hatte: »Mithelfen zu dürfen beim Aufbau in Jerusalem, aber nicht als Helfer genannt zu werden – das war mein spontaner Wunsch nach meinem ersten Besuch in Ihrer schönen Stadt«, so Springers Bitte an Kollek in einem Telegramm, das ich Jahre später las.

Unvergesslich für mich ist schließlich jener Satz, den Axel Springer am 25. Mai 1959 bei der Grundsteinlegung für sein Verlagshaus in der Berliner Kochstraße sagte: »Es lohnt sich nicht, auf dieser Welt hohe Häuser für Zeitungen zu bauen, wenn man nicht eine Idee hat, die größer ist, als wir alle selbst es sind.«

Nie wurde Springer wankelmütig, wenn es um Berlin ging, um die Freiheit, »die kein Märchen ist, wenn wir nur wollen«, und schon 1977 prophezeite er in der Emigranten-Zeitschrift »Kontinent«, dass diese Freiheit auch nach Polen, Ungarn und Rumänien, in die Tschechoslowakei, die baltischen Staaten und nach Russland kommen werde.

Kurz nach dem Fall der Mauer am 9. November 1989 führte ich ein langes Gespräch mit Friede Springer, die nach der Heirat im Jahr 1978 zur unentbehrlichen Mitarbeiterin des Mannes wurde, den seine politischen Gegner in jenen Jahren den »Brandenburger Toren« nannten, weil er an eine Wiedervereinigung nicht nur glaubte, sondern dafür mit dem Einsatz seines Lebens stritt.

Nach dem Bombenanschlag auf das Hamburger Verlagshaus 1972, nach den Brandstiftungen an seinen

Häusern, der Entführung seines Enkels aus einem Internat, musste ihr Mann, der die Freiheit so sehr liebte, mit den Einschränkungen der höchsten Sicherheitsstufe leben.

Ich fragte Friede Springer, ob ihr Mann unter den Anfeindungen gelitten habe. »Die Antwort wird Sie überraschen, mein Mann hat das alles sehr gelassen hingenommen. Er sagte immer, mir sitzen die 17 Millionen Menschen in der DDR im Nacken, die in Unfreiheit leben müssen. Das mobilisierte seine Reserven.«

Axel Springer, ein mutiger Mann und ein Visionär – so kannte ihn die Welt. Ein demütiger Mann – so erlebten wir ihn, die ihm nahe sein durften. Viele rätseln immer noch, was das Geheimnis seiner Erfolge war, wie die Wirkungen zu Stande kamen, die ihm neben Kritik einen Strom der Zuneigung, Bewunderung, ja Verehrung zutrugen.

Es gibt viele Versuche der Erklärung. Für den sechsfachen Oscar-Preisträger Arthur Cohn war Axel Springer der Freund, »der wie kein anderer mit dem Herzen dachte«. Rudolf Augstein gab zu Protokoll, er habe mit eigener Feder drei »Spiegel«-Titelgeschichten über Springer geschrieben, »veröffentlicht worden ist keine, ich kriegte ihn einfach nicht in den Griff.«

So sagte Augstein einmal zu Springer: »Axel, Sie können doch nicht im Ernst an die Wiedervereinigung glauben.« Die Antwort des Verlegers verrät bei aller Melancholie, die ihn zuweilen auch umschattete, etwas von seinem erfrischenden Optimismus, der in der damaligen Zeit des »Kalten Krieges« eher selten anzutreffen war: »Wissen Sie, Rudolf, bisher ist noch immer all das eingetroffen, was ich mir wirklich gewünscht habe.«

Ja, er war ein charismatischer Zeitungsmann und Konzernchef, dieser Axel Springer aus Hamburg-Altona, der Berlin zu seiner Wahlheimat erkoren hatte. Denke ich an die vielen Gespräche zurück, die sich um die Zeitungen, um die Politik, um Israel, den Terrorismus und den Abfall der Menschen von Gott drehten, so kommt mir das Dichterwort in den Sinn, das da lautet: »Ein Einziger mit einem Glauben wiegt neunundneunzig auf, die nur Interessen haben.«

Neben dieser Glaubensstärke beeindruckte mich am stärksten die Feinfühligkeit dieses Mannes, der mit schlafwandlerischer Sicherheit den archimedischen Punkt erkannte, von dem aus er einen Menschen zu beurteilen vermochte. Diese Feinfühligkeit wünschte er sich auch bei all jenen, die in seiner Nähe leben und wirken durften. Kein Wunder also, dass Springer in einer Grußadresse an seine Mitarbeiterinnen und Mitarbeiter am 28. Oktober 1978 schrieb: »Ich weiß, dass zum Erfolg der Mitwirkende, der Mitdenkende und der Mitfühlende nötig ist, dem ich nie aufgehört habe zu danken, übers Grab hinaus.« Nachzulesen auf einer Gedenktafel am Eingang des Springer-Hauses in Hamburg.

»Ich vermisse in Deutschland die Hilfsbereitschaft«

Joachim Fuchsberger, Schauspieler und Fernsehstar, der im Pendelschlag zwischen München und Sydney lebt, hat vier Monate lang in Quarantäne dem Tod ins Auge geschaut – und seine Lehren daraus gezogen.

Dieses erfolgsgewohnte Lächeln, diese fast beängstigende Gelassenheit – ich staune nur, denn der Mann, der vor mir sitzt, hat gerade den tiefen Sturz erlebt. Völlig unerwartet war ihm von der ARD der Stuhl vor die Tür gesetzt worden, das Aus für seine Ratespiel-Sendung »Ja oder Nein«, sinkende Quoten sollen der Grund sein.

Joachim Fuchsberger sagt, was in dieser Glitzerwelt der Medien, in dieser Haifischbranche, in der es immer nur Sieger geben darf, keiner leicht sagt, schon gar nicht ein so vom Erfolg Verwöhnter: »Wissen Sie, es ist schon verdammt schwer, wenn man zum ersten Mal im Leben plötzlich arbeitslos ist.«

Obwohl er das Wort »arbeitslos« so ausspricht, als sei es die Diagnose einer Krankheit, ist um ihn herum eine Ruhe, die Staunen macht. Wie kann sich ein

Mensch gegen die Anfeindungen des Berufs und des Lebens so schützen, dass man den Schutzschild fast körperlich zu spüren glaubt?

»Vor einigen Jahren brachte mich eine schwere Infektionskrankheit an den Rand des Todes. Vier Monate war ich mit meiner Hepatitis isoliert, von der Außenwelt abgeschnitten, total auf mich selbst zurückgeworfen. Die Erfahrungen, die ich damals machen musste, die habe ich in mir konserviert. Ich dachte anfangs, es geht auf das Ende zu. Und zu meinem großen Erstaunen stellte ich fest, dass kein Schrecken dabei war. Mich übermannte keine Panik.«

Und dann mit gesenkter Stimme: »Ich muss mich heute auf nichts mehr vorbereiten, ich bin vorbereitet. Und dies gilt für die großen und endgültigen Fragen um Leben und Tod, das gilt natürlich erst recht für den alltäglichen Kleinkram. Dazu gehört beispielsweise so ein Tanz um die Quoten, wie ihn die öffentlich-rechtlichen Sender leider neuerdings veranstalten.«

Dieses plötzliche Gefeitsein, das so viele Menschen nach überstandener Krankheit gerne verdrängen, bloß nicht daran denken, nicht daran rühren, dieses Erlebnis hat Joachim Fuchsberger ganz tief in sein Gedächtnis eingebrannt – und so kam er aus der Klinik zurück als ein anderer, als ein veränderter Blacky, aber immer noch in den alten Rollen als Entertainer, Moderator, Filmdarsteller, wie er bescheiden von sich sagt, »niemals war ich je ein Schauspieler«.

»Schauspieler sind für mich Menschen, die das Handwerk so gut beherrschen, dass sie als Dreißigjährige sogar einen Achtzigjährigen glaubhaft spielen können. Dann gibt es die geborenen Komödianten, die Ausnahmeerscheinungen wie Sir Alec Guiness, Charles Laughton oder Peter Ustinov. Und dann gibt es noch die Darsteller, die letztlich nur spielen, was zu ihnen passt, nicht mehr, nicht weniger. Deshalb habe ich niemals – auch nicht für noch soviel Gage – auf Theaterfestivals einen ›Hamlet‹ abgeliefert, das war nie – und ich wusste es – my cup of tea.«

Das Grübeln und Denken während der monatelangen Quarantäne ist aber nur das eine Geheimnis der geglückten Immunisierung, das Zweite ist mit einem einzigen Wort zu umschreiben – es heißt Australien, seit zehn Jahren Blackys zweite Heimat, ein Leben im halbjährlichen Pendelschlag zwischen München und Sydney.
»Was fällt Ihnen auf, wenn Sie nach so langer Abwesenheit wieder in Frankfurt landen?«
»Eine zunehmende Unduldsamkeit, eine erstaunliche Aggressivität, mit der sich die Menschen wehren, ohne dass ich genau erkennen kann, wogegen sie sich eigentlich wehren. Und die praktisch nicht vorhandene Hilfsbereitschaft. Aber auch die deutschen Touristen, die aus Australien zurückkommen, wo alles so sehr viel freundlicher ist als hier, stellen dasselbe schon nach drei, vier Wochen fest. Eine Kollegin, mit der ich mich in einer Talkshow in Bremen traf, brachte es auf den Punkt. Als sie es wagte, am Hamburger Jungfernstieg eine Tasse Kaffee zu bestellen, wurde sie

angepfiffen: ›Hier gibt's nur Kännchen!‹ Da wusste sie: ›Jetzt bin ich wieder in Deutschland.‹«

»Es ist Mode geworden, Deutschland global zu beschimpfen.«

»Natürlich gibt es nach sechs Monaten Sonne in Australien auch Sehnsucht nach Deutschland, nach seiner landschaftlichen Schönheit, nach den Farben des Herbstes, nach den Freunden, das ist doch klar. Am besten antworte ich mit einer Anekdote: Als ich Heidi Brühl einmal in Las Vegas traf, wo sie Triumphe feierte und in absoluter Hochform war, sagte sie trotzdem zu mir: ›Wenn ich ehrlich bin, Blacky, dann gestehe ich: So langsam bekomme ich Heimweh nach Weißwürstl, obwohl ich die Dinger doch überhaupt nicht mag.‹ Ein bisschen geht es mir heute wie damals Heidi Brühl.«

»Verliert man bei einem solchen Doppelleben nicht seine Freunde?«

»Nein, bei den echten Freunden kann man ohne zu fremdeln sofort da wieder anknüpfen, wo man bei der Abreise aufgehört hat. Und in Australien sind sogar noch neue Freunde hinzugekommen.«

»Kann es sein, dass Ihr zweites Leben in Australien auch zur Immunisierung gegen deutsche Querelen beiträgt?«

»Aber ja, die riesige Entfernung spielt eine heilsame Rolle. Und die Zeitverschiebung. In Europa wäre ich immer sofort erreichbar, und sei es per Handy. Wenn ich drüben bin, sagen die Leute: Den können wir jetzt nicht erreichen, der schläft gerade, und zehn

Stunden später hat sich das Problem oft von allein erledigt.«

Philosoph Fuchsberger. Lebenskünstler Blacky. »Natürlich möchte ich gerne weitergeben, was ich mir so an Lebensweisheiten zurechtgezimmert habe. Also: Antworten auf Fragen wie diese: Wieso hast du jahrzehntelangen Erfolg gehabt? Wie schafft man das? Warum bist du so lange glücklich mit derselben Frau? Was ist das Geheimnis? Wieso gibt es ein so turbulentes Leben, aber keine Skandale? Aber ich habe längst gelernt: Wenn man nicht gefragt wird, soll man nicht reden.«

Zu diesem Punkt sagte schon Robert Lembke, von dem Blacky das Quiz übernommen hatte: »Es gibt Schauspieler, die auf ein Echo warten, ohne überhaupt gerufen zu haben.« Und zu denen gehört Blacky, das haben wir jetzt gelernt, nun wirklich nicht.

»Es stimmt nicht, dass die Zeit die Wunden heilt«

Gudrun Bauer, die Frau des Hamburger Großverlegers Heinz Bauer, arbeitet an der Seite ihres Mannes im Verlag, ist ausgebildete Jet-Pilotin und Mutter von vier Töchtern. Ihren einzigen Sohn verlor sie, als er mit fünf Jahren an Krebs starb.

Wie sich in einem Gespräch plötzlich die Seele zeigt, wie alle anderen Themen verschwinden – das Leben an der Seite eines mächtigen Verlegers, das Gefühl, einen weltweit operierenden Verlag mitzugestalten –, wie all dies verschwindet, sobald man einem Dichterwort lauscht, das ich Gudrun Bauer mitgebracht habe: »Der Schmerz ist der große Lehrer des Menschen, unter seinem Hauch entfalten sich die Seelen.«

»Ich weiß, dass Sie mit diesem Zitat das Sterben meines Sohnes meinen«, sagt Gudrun Bauer. Ihr Kind starb an Leukämie, nur fünf Jahre alt wurde ihr Sohn.

»Und nun sage ich Ihnen: Dass die Zeit alle Wunden heilt, stimmt nicht. Die Leute sagen zwar: Das ist doch Jahre her, das überwindet man. Aber ich sage Ihnen: Das überwindet man nie! Das ist wie eine

Amputation. Sie haben mit dem einen Bein einen Tag mehr, am anderen weniger Schmerzen – und es gibt auch, Gott sei Dank, Tage ganz ohne Schmerzen.«

Und nach einer Pause, in der sie die Gedanken zurückholt in die Gegenwart, sagt sie noch: »Aber der Tod meines Sohnes hat mich auch nicht demütiger gemacht, wenn Sie das meinen, weil es doch immer heißt: Wenn man solche schweren Prüfungen anderen Menschen voraushabe, dann würde man demütiger.«

Für einige Augenblicke ist Stille im Raum. Wir sind in ihrem Privathaus an der Hamburger Elbchaussee. Vor dem Fenster Nebel, ein dezembergrauer Tag, ein Tag, um melancholisch zu werden. »Vom Wetter lasse ich mich niemals unterkriegen«, sagt die Hausherrin nun. Sie serviert selbst gebackenen Marzipan-Stollen, sie hat Kerzen entzündet.

Wir lassen die Schatten der Vergangenheit hinter uns.

Denn da sind ihre vier Töchter. Vier Töchter! Alle groß, stark, gesund. »Bei uns tobte immer das Leben. Als ich beispielsweise dieses Haus vor fünfzehn Jahren bauen ließ, da gab es zwischen dem Architekten Pinnau und mir nur einen Dissens: Er wollte eine kleine Küche, ich eine große, ich wollte mehr Platz für meine Kinder.« Diese Töchter werden in den Verlag gehen, das ist klar. Sie haben zu Haus sowieso nichts anderes gehört als »Verlag, Verlag, Verlag«. »Könnt ihr nicht endlich einmal von etwas anderem reden als immer nur vom Verlag«, so quengelten sie früher, wenn Vater Heinz und Mutter Gudrun über ihre zweite Familie sprachen: die große Bauer-Familie.

Denn dieser Heinrich-Bauer-Verlag ist seit drei Generationen ein Familienbetrieb, und das soll er auch bleiben. Zur 125-Jahr-Feier im Curiohaus gab es Glückwünsche aus aller Welt, auch der Kanzler kam. »Und wissen Sie, was da passiert ist? Da fragt mich doch einer dieser Top-Manager arrogant, so von oben herab, ob ein Familienbetrieb noch zeitgemäß sei im Zeitalter der Globalisierung und Fusionen – mir verschlug es fast die Sprache, was für eine unverschämte Frage!«

Es ist das erste Mal, dass Gudrun Bauer die Stimme hebt: Ein »Muttertier«, das die Krallen ausfährt, sobald es um ihre Familie geht. Kann der Mann nicht lesen? Hatte nicht Heinz Bauer schon vor vier Jahren zu Protokoll gegeben, »dass er überhaupt nicht daran glaubt, dass schiere Größe einer Firma das Überleben sichert«? Und ist es nicht eine hässliche Pointe, dass der Manager, der Frau Bauer brüskierte, seine eigene Firma inzwischen in die roten Zahlen gesteuert hat?

»Die Presse hat, wirtschaftlich gesehen, schon rosigere Zeiten erlebt«, sage ich nun. »Richtig, und darum muss man am Baum hin und wieder einige Zweige kappen, aber man darf niemals das Düngen der Wurzeln vergessen. Und: Man muss immer offen sein für Neues. Dabei mitzuhelfen, darin sehe ich auch meine Aufgabe.«

»Wenn Sie morgens in das Verlagshaus fahren, was glauben Sie da bewirken zu können?«

»Zum Ersten muss ich sagen, dass ich mit großer Freude fahre. Ich bin gern mit Menschen zusammen. Wenn ich spüre, dass ich bei einer Konferenz, wo es manchmal ganz schön hart zur Sache geht, die Stimmung freundlicher gestalten kann – einfach weil ich da bin, als Frau, Sie verstehen, wie ich das meine? –, dann macht mich das glücklich. Im Übrigen ist es ja nicht so, dass alles für mich neu ist, was ich da antreffe, ich habe das berufliche Leben meines Mannes gedanklich ja immer begleitet.«

Gudrun Bauer setzt ihre Worte wie Schachfiguren. Zug um Zug. Sie gönnt sich Pausen. Sie steuert die Temperatur eines Gesprächs. Sie wäre allerdings nicht talkshowfähig, wenn man darunter versteht: nicht ausreden lassen, dazwischenquatschen, das Wort behalten um jeden Preis.

Das ganze Bild dieser Frau erschließt sich aber erst, wenn man von ihrem Lieblingshobby spricht, dem Fliegen. »Ich war schon ein bisschen stolz, dass ich als erste Frau Deutschlands einen Jet fliegen durfte. Vor der Prüfung hatte ich allerdings Bammel. Technik ist ja nicht gerade meine starke Seite. Und der Fluglehrer war höchst arrogant. ›Hier haben wir ja eine Frau, die fliegen lernen will, weil sie es in der Küche nicht aushält.‹ Mit diesen Worten mokierte er sich über mich, vor all den Männern, die den Pilotenschein machen wollten. Der Stachel saß tief, aber der Ehrgeiz war geweckt.«

So flog sie zusammen mit ihrem Mann, einem ebenfalls begeisterten Hobbyflieger, über dem Himmel Amerikas, »ein fliegerisches Paradies, unbeschreiblich schön. Sie können sich nicht vorstellen, was es für ein berauschendes Gefühl ist, ein Flugzeug selbst in die Luft zu heben, das Vibrieren der Motoren zu spüren und dann die Welt von oben zu sehen!«

Der Fliegerdichter Antoine de Saint-Exupéry hat es in seinem berühmten Buch »Wind, Sand und Sterne« eindrucksvoll beschrieben: »Auf welch winziger Bühne rollt das große Spiel des menschlichen Hasses, der menschlichen Freuden und Freundschaften ab.«

Vielleicht ist es diese Erfahrung, die Gudrun Bauer mit ihrem Mann teilte und die beide dahin gebracht hat, vor allem ihrem eigenen Stern zu folgen, weil sie das Spiel um Macht und Eitelkeit gerade in der bunten Welt der Medien durchschaut haben.

Darum auch diese Zurückgezogenheit. Praktisch keine Interviews. Einmal im Jahr das große Fest der »Goldenen Feder« in Hamburg, da gibt es den Glanz, das Händeschütteln, die Ehrung herausragender Leistungen. Aber sonst sind es eher die leisen Töne, die Gudrun Bauer liebt.

»Mein Freundeskreis ist klein, sehr sorgfältig ausgewählt«, sagt sie. Und wenn man vier Töchter hat, zu denen es eine wunderbare, enge Beziehung gibt, dann braucht man sowieso nicht viele Freunde. Auch ein großes Herz kann man nicht endlos dehnen.

Und immer folgt sie ihrer inneren Stimme. »Ich fahre meine Antennen aus«, sagt sie. »Ich glaube, dass das so genannte Bauchgefühl wichtig ist. Es wird zwar gern intellektuell heruntergeredet, aber das ist falsch. Wenn ich einmal dagegen verstoßen habe und mich anders entschied, war es rückblickend meist ein Fehler. Und: Man muss zuhören können. Zuhören! Zuhören! Als beispielsweise Andreas Fritzenkötter zum Vorstellungsgespräch kam, der zuvor als Medienberater bei Helmut Kohl gearbeitet hat, da saß ich die ganze Zeit dabei, sagte kein Wort, schaute nur zu, hörte nur zu.«

Und was geschah? »Fritzi«, wie ihn Freunde nennen, wurde engagiert. Man muss nicht immer reden, wenn man etwas zu sagen hat – das lernen wir ganz nebenbei auch bei dieser ungewöhnlichen Frau.

»Erfolg ist wie ein wildes Tier, man muss dieses Tier bändigen«

Nino Cerruti, der italienische Couturier, der in Paris, der Stadt der Mode, Triumphe feierte, wünscht sich auf seinem Grabstein die Inschrift: »Er liebte Licht und Farben.« Und er bekennt freimütig: »Es gibt nur eine einzige Sache, die so stark ist wie der Tod – das ist die Liebe.«

Plötzlich steht er baumlang vor mir, lächelt wie nur Italiener lächeln können, schaut mich aus blauen Augen an, die schon so viel Schönes im Leben gesehen haben, wovon Millionen nur träumen können.

Nino Cerruti vermag es, sekundenschnell eine Blick-Brücke herzustellen, sodass er den Eindruck vermittelt, mich schon Ewigkeiten zu kennen, eine Umarmung mit Blicken, wenn man es so sagen kann.

Der Meister der Schönheit und der Stoffe kennt auch den Stoff, aus dem das Leben gemacht ist, wie ich gleich merken werde, wenn wir vom Preis des Erfolges reden.

Ich musste einige Minuten warten. So hatte ich Zeit, seine Mitarbeiterinnen zu beobachten, die sich in winzigen Zimmern am Place de la Madeleine Nr. 9

in Paris drängen. Sie blicken nicht auf, nur weil ihr Chef Nino Cerruti soeben erschienen ist – sie haben zu tun. Sie arbeiten hart: internationale Kampagnen. Termine für die nächsten Modeschauen. Faxe und Flugpläne, Reklamefritzen mit Fotomappen kommen vorbei. Hektik wie im Film »Prêt-à-Porter«, nur nicht so exaltiert.

Zu meiner Verblüffung treffe ich auf eine Stimmung wie bei uns in den fünfziger Jahren: Begeisterung, Aufbruch – nicht zu neuen Ufern, wo man sich gemütlich zum Ausruhen niederlässt, sondern zu neuen Horizonten, die am Modehimmel schon zu erkennen sind.

Kann es wirklich sein, dass in diesem Tohuwabohu, in diesen kargen Räumen, in diesem Haus mit einem Fahrstuhl, in dem mich Klaustrophobie überfällt, jener Couturier residiert, der die Weltmode beeinflusst wie kaum ein anderer, der »nebenbei« als begnadeter Kostümdesigner den besten Hollywoodfilmen wie »Wall Street«, »Der Rosenkrieg«, »Pretty Woman«, »Das Schweigen der Lämmer« oder »Philadelphia« seinen modischen Stempel aufdrückte?

Es ist so! Als wollte Cerruti mit seinem spartanischen Büro sagen: Bloß keine Fisimatenten. Nichts Überkandideltes, bitte. Wir stapeln tief, um immer höher zu steigen. Mode ist für ihn »der ultimative Weg, die Welt zu beschreiben, in der wir leben«. Und da ist Pomp und Aufgetakeltes zurzeit bestimmt nicht gefragt.

Schon beim ersten Stichwort öffnet der Meister den Tresor seiner Gedanken, in dem nicht nur die Weisheit über das ewige Mysterium Mode verborgen ist, sondern auch das Wissen über das, was wir Deutschen etwas gequält Lebenskunst nennen und was sich französisch soviel spritziger anhört: Savoir-vivre.

»Ihr Schüler aus vergangenen Tagen, Giorgio Armani, sprach einmal mit mir über den hohen Preis, den man für Erfolg bezahlen muss. Erfolg isoliert dich, sagte er, Erfolg macht dich unberührbar und einsam. Sehen Sie das auch so?«

Cerruti, der sofort neidlos zugibt, dass sein einstiger Schüler heute in Mailand sein schärfster Konkurrent geworden ist, sieht auch diese Einsamkeit. Er weiß, dass die Luft zum Atmen oben dünner wird, aber dem müsse man widerstehen. »Erfolg ist wie ein wildes Tier. Man muss dieses Tier bändigen, sonst kann Erfolg dich zerstören.«

Aber da sei sein italienisches Naturell davor, die Fähigkeit, die Leichtigkeit des Seins trotz aller Probleme immer neu zu entdecken. Selbst jene Italiener, die netto wenig verdienen, sollen ja fabelhaft brutto leben können. Und was seinen Arbeitsstil angeht, so setzt er sich »aus deutscher Pünktlichkeit und italienischer Kreativität« zusammen.

Nino Cerruti, ist das nicht ein Name, der sich im Modewind wiegt? Ein Name, den man erfinden müsste, wäre er ihm nicht schon vor über sechs Jahrzehnten in die Wiege gelegt worden, im schönen Landstrich Piemont, wo sein Vater als Textilfabrikant feine Stoffe webte.

»Sprechen wir über Ihre Profession: Wohin geht die Reise in diesem geheimnisvollen Land der Mode, in dem Sie seit vielen Jahren unterwegs sind – damals übernahmen Sie nach dem Tod Ihres Vaters das kleine Familienunternehmen?«

»Das Wichtigste vorweg: Ich glaube, die Zeit der stark dekorierten Frau ist vorbei und wird so schnell nicht wiederkommen. Die dekorative Mode hat keine Bedeutung mehr. Auch die Behauptung, Mode sei ständige Erneuerung, dauernder Wechsel, stammt aus vergangenen Zeiten, als man bei der Betrachtung noch von einer anderen Art von Frau ausging. Wenn wir in die alten Filme schauen: So elegant wie in den dreißiger und vierziger Jahren sehen heute keine Stars mehr aus. Vor allem aber gilt: Die Frauen wollen heute nicht mehr – wie so oft in früheren Zeiten – Opfer irgendeines Modediktats werden.«

Eine Vokabel, die Cerruti besonders liebt, lautet: »less is more« und »der Cerruti-Stil ist, quite simply, modern«.

Unser Leben ist schnell geworden, zu schnell vielleicht. »Die Menschen müssen mit den Schwierigkeiten jeden Tages fertig werden, da muss die Mode diesem wirklichen Leben folgen. Als ich einmal Jogginganzüge vorführte und darunter hochwertige Cashmere-Pullover, da wurde diese Kombination vom Publikum begeistert aufgenommen und verstanden. Ja, die Sprache der Mode hat sich total verändert: Sie ist leiser geworden.«

Mit dem Gespür, ohne das weltweite Erfolge nicht möglich sind, eroberte Cerruti auch die Arena des Sports: Jimmy Connors, Mats Vilander oder Ingmar Stenmark gewannen Spiele und Rennen in seiner Kleidung. Und Cerruti ging auch bei der Formel 1 auf die Überholspur, getreu seiner Erkenntnis: »Der Sport in all seinen Facetten ist heute vielleicht der wichtigste Impulsgeber für die Mode.«

Aber bei aller Liebe zur Lässigkeit: Schlampigkeit ist nicht erlaubt! »Die heutige Gesellschaft ist billig und gewöhnlich geworden, sie hat auch, was ich für gefährlich halte, ihr Geschichtsbewusstsein verloren.« Aber eigentlich möchte er über dieses diffizile Thema nicht sprechen. »Für mich ist dieser Anblick nur ein Beweis, dass noch viel zu tun bleibt, bis sich Ästhetik durchsetzt, ob sie nun von mir oder von meinen Kollegen kommt.«

Die Frage, ob Modeschöpfer heute eigentlich dem Zeitgeist hinterherlaufen, der sich auf der Straße in der Kleidung von Millionen widerspiegelt – denken wir nur an das globale Jeans-Phänomen – oder ob sie ihre Mode wie eine Fahne vor sich hertragen – diese Frage fand ihre Antwort in dem Beispiel »Miami Vice«.

Für diese Fernseh-Serie mit Don Johnson entwarf Cerruti eine höchst lässige Kleidung in dynamischen Farben, er wagte es sogar, T-Shirts unter einem Blazer zu platzieren, dazu Lederschuhe ohne Socken, die ihm ohnehin ein Gräuel sind. Bis dahin waren die

Schauspieler in US-Krimis immer korrekt-konservativ, ja langweilig gekleidet. Keine Frage also, dass Cerruti auf diesem Weg den lässigen Stil forcierte, der sich dann auch dank der TV-Quoten weltweit umgesetzt hat.

»Und wie lautet die Philosophie, die Ihren Erfolg besiegelte?«

»Ich sagte mir, es ist die Aufgabe eines Designers, die Personality des Mannes oder der Frau hervorzuheben und zu unterstreichen, nicht die der Kleidung.«

In dem engen Fahrstuhl, der mich nach unten bringt, fällt mir wieder die Antwort ein, die Nino Cerruti auf die Frage nach der Vergänglichkeit des Lebens gegeben hatte.

»Welchen Satz erhoffen Sie sich in der Rede, die an Ihrem Grab gehalten wird?«, wollte man von ihm wissen. Seine Antwort: »Er liebte Licht und Farben, und war klaustrophobisch veranlagt. Er verdient jetzt unser Mitgefühl.« – »Und was ist für Sie Liebe?« – »Die einzige Sache auf der Welt, die so stark ist wie der Tod.«

Mit Gedanken dieser Art im Kopf ist es kein Wunder, dass Cerruti der unbestrittene Langstreckenläufer im Reich der Mode werden konnte, weil er sich nicht in ihrem eitlen Spiel verzettelte.

»Den Wert der Freiheit habe ich hinter Stacheldraht kennen gelernt«

Reinhard Mohn, Schöpfer des zweitgrößten Medienkonzerns der Welt in Gütersloh, schärfster Kritiker überheblicher Manager und der Reglementierung bis ins Kleinste – »ein Fluch, in Deutschland mehr als anderswo« –, hält die Geringschätzung der Liebe, die wir heute so oft erleben, »für einen furchtbaren Irrtum«.

Ich gebe zu: Ich bin neugierig. Ich bin sogar rasend neugierig. Einen Mann befragen zu können, der in vier Jahrzehnten einen Weltkonzern schmiedet, der milliardenschwer ist, der sich aber von Geld und Macht trennt, als sei das alles nichts – das wird einem Journalisten meistens nur in amerikanischen Filmen geboten.

Dabei sind wir nicht in der Glitzerstadt New York, auch nicht in Tokio, London oder Paris, nicht einmal in Berlin, München oder Hamburg, nein, wir sind ganz schlicht in Gütersloh, Westfalen.

Der schwere Mercedes der Direktion gleitet sanft und langsam – »lauter Radarfallen«, verrät der Chauffeur – vom Flughafen Paderborn durch die flache herbstliche Nordlandschaft.

»Kennen Sie Herrn Mohn?«, fragt er. »Nein, leider nicht.« – »Da werden Sie staunen, wie jung und dynamisch der Herr Mohn ist.« Chauffeure sagen nicht nur in Berlin, was Sache ist.

Ich staune wirklich. Wenn eine Lebensleistung wie bei diesem schlanken drahtigen Mann darin besteht, ein Unternehmen mit Milliarden-Umsatz hinzustellen, dann frage ich mich: Hinterlässt so ein Leben voller Arbeit, Entscheidungen, auch Enttäuschungen eigentlich gar keine Spuren?

Stress, wo ist dein Sieg? »Nichts wird einem geschenkt«. Das sagt Reinhard Mohn nun doch – die Sommer hat er früher auf Sylt verbracht, da war Whisky angesagt und das nicht zu knapp, »das war damals die Zeit, heute genehmige ich mir höchstens noch einen in der Woche«.

Und er radelt, bei Wind und Wetter, immer rund um Gütersloh, manchmal bis zu dreißig Kilometer am Tag, »ohne Selbstdisziplin geht nichts«.

Wir sitzen in seiner Denkfabrik. Der gläserne Palast, errichtet für die Bertelsmann-Stiftung, liegt gegenüber der Konzernzentrale, dem »Headquarter«, wie Liz Mohn gerne sagt. Dort hat sie ihr Arbeitszimmer, da tobt das Leben für all ihre Aktivitäten, vor allem für die von ihr gegründete Stiftung.

Nach wenigen Minuten weiß ich: Bei Reinhard Mohn habe ich es mit einem Manager-Magier zu tun, der die Gesetze des Milliardenspiels durchschaut hat. Nicht, weil er irgendwelche Tricks für den Weg zum materiellen Reichtum kennt, sondern weil er sich mit dem Menschen, seinen geheimen Wünschen und Sehnsüchten auseinander gesetzt hat. Mehr noch: Er hat den Menschen zutiefst begriffen.

Gleichwohl zucke ich dann doch sofort zusammen, als er mir den Schlüsselbegriff seiner Unternehmens-Philosophie verrät, ein Wort, ein einziges Wort nur, in dem sich alles bündelt: Selbstverwirklichung.

»Verbindet sich damit nicht automatisch jenes Freizeitdenken, jene genusssüchtige Egozentrik, die uns heute in weiten Bereichen unserer Gesellschaft so zu schaffen macht?«

Reinhard Mohn kannte dieses Wort schon, als es noch nicht in Wörterbüchern stand, als es noch nicht vom Zeitgeist aufgebläht wurde bis hin zur rücksichtslosen Selbstbedienungsmentalität. »Ich meine Selbstverwirklichung in der Gemeinschaft. Keiner kann alleine leben. Wir sind auf Kommunikation angewiesen. Und wir brauchen in der Führung Menschen, die selbstständig denken können, die vor allem begreifen: Wir müssen den Mitarbeitern Freiräume bei der Arbeit schaffen. Führung muss motivieren können. Ich habe mein ganzes Leben Personalarbeit gemacht, ich weiß, wovon ich rede: Die Menschen wollen mitdenken, mitsprechen und mitgestalten. Wer etwas anderes denkt, denkt falsch.«

»Der Manager – sozusagen ein kleiner Unternehmer in einem großen Unternehmen?«

»Aber ja! Wir brauchen keine Befehlsempfänger. Und wir brauchen auch keine Führungskräfte, die aus lauter Angst, Fehler zu machen, nichts unternehmen, nichts entscheiden, nichts vorantreiben. Das Einzige, was ich allerdings immer erwartet habe: Dass die Mitarbeiter aus ihren Fehlern lernen und sie nicht wiederholen.«

Reinhard Mohn erinnert sich, was geschah, als er eines Tages seinen Mitarbeitern sagte, sie möchten ihr Geld von der Sparkasse holen und es in die Firma einbringen.

»Was meinen Sie, was das für einen Motivationsschub gab! Der Mensch hat doch ein ganz anderes Verhältnis zu seinem Betrieb, wenn er über einen Anstellungsvertrag hinaus in vielfältiger Form mit ihm verbunden ist. Die Überorganisation, die Reglementierung bis ins Kleinste, ist ein Fluch, in Deutschland mehr als anderswo.«

Eigentlich müssten doch viele Unternehmer nach Gütersloh pilgern, um herauszufinden, wie man ein so blühendes Unternehmen mit 52 000 Mitarbeitern innerhalb weniger Jahrzehnte hinstellt, denke ich.

»Ich habe hunderte von Vorträgen vor Unternehmern gehalten, ihnen von Philosophie und Praxis des Delegierens nach unten berichtet, die wir von hier aus – weltweit operierend – doch einigermaßen erfolgreich vorgeführt haben. Und was glauben Sie, war das Ergebnis?«

»Ich vermute, die Herren stellten ihre Ohren auf Durchzug?«

»So war es, genau so war es. Sie nickten mit dem Kopf, beglückwünschten mich, hinterher geschah aber in ihren Betrieben nichts. Eigentum wegzugeben, sich von veralteten Machtstrukturen zu lösen, das schaffen sie einfach nicht.«

Irgendwann im Leben bekommt der Mensch einen Stempel aufgedrückt, entscheidet sich die Richtung seiner Gedanken, gehen seine Schritte neue Wege.
Für Reinhard Mohn geschah das ausgerechnet in der amerikanischen Gefangenschaft, in die er als Luftwaffenoffizier in Tunesien geriet, als Rommels Afrika-Corps auf dem Rückzug war.
»Sie haben also die Freiheit, für die Sie so vehement eintreten, ausgerechnet hinter Stacheldraht entdeckt?«
»Ja, das war ein toller Lernprozess. Wir waren doch alle im Dritten Reich mehr oder minder stromlinienförmig erzogen worden. Wir sahen nicht, was im Ausland geschah. Wir kannten nur die Diktatur der Nazis. Und dann war ich plötzlich in Amerika, lernte dort aus nächster Nähe und eigener Anschauung die Grundbegriffe der Demokratie, hörte Vorträge, konnte darüber mit Professoren im Gefangenenlager diskutieren.«
Als er nach Kriegsende zurückkam – »Ich wäre gerne drüben geblieben« –, fand er die väterliche Firma als Trümmerhaufen in der Trümmerlandschaft jener Tage vor.
»Eigentlich wollte ich Ingenieur werden, aber mein Vater bat mich, mit etwa hundert Mitarbeitern die Firma wieder aufzubauen. Ich verhandelte also mit

den Engländern um Lizenzen, um Papier, so ging es los.«

Der Durchbruch in eine neue Dimension kam mit der Gründung des Bertelsmann-Leserings, der bald danach über 2,5 Millionen Mitglieder haben sollte.

»Hatten Sie damals eine Vision, etwa die: Ich baue den größten deutschen Medienkonzern?«

»Überhaupt nicht. Ich bin kein Philosoph. Ich bin kein Verleger. Ich bin Unternehmer. Ich habe es einfach gemacht. Ich hatte mir eines allerdings schon als Junge immer gewünscht: später eine Chance zu kriegen.«

»Was empfinden Sie, wenn Sie hören, dass junge Leute sagen, genau diese Chance würde ihnen heute vorenthalten?«

»Das ist natürlich Unsinn. Die Chancen sind heute größer als zu Beginn meiner Laufbahn. Mir würde auch heute noch eine Menge einfallen. Aber viele junge Menschen sind heute zu anspruchsvoll, zu satt, der Druck ist nicht da. Das sind Auswüchse einer Erziehung, die in den späten sechziger Jahren in die falsche Richtung lief. Wir haben die Fähigkeit zur Gemeinschaft weitgehend verloren. Disziplin gehört dazu. Die einst hoch gepriesene antiautoritäre Erziehung war ein schönes Ziel – und zugleich ein schlimmer Irrweg.«

»Herr Mohn, schauen wir auf die Politik. Was sagt ein Mann mit Ihren Erfahrungen zu all dem, was dort geschieht – und nicht geschieht?«

»Ich glaube, dass die meisten das Hick und Hack in der Politik nicht verstehen, geschweige denn nachvollziehen können. Es fehlt auch eine Definition, eine Sollvorstellung von dem, was gute Politik ausmacht.«

Nie hat er die Worte vergessen, die der Vater des Wirtschaftswunders, Ludwig Erhard, einmal zu ihm sagte: »Täuschen wir uns nicht, die wirtschaftlichen Erfolge werden in Deutschland nicht stabil bleiben, wenn dahinter nicht ein Menschenbild steht.«

Als ich am Tag darauf das Tonband abhöre, fällt mir auf, wie selten Reinhard Mohn in unserem Gespräch das Wort Ich benutzte. Er sprach niemals von »seinen« Leistungen, obwohl der zweitgrößte Medienkonzern der Welt ja nun wirklich ohne ihn nicht vorstellbar ist.

Der schönste Satz im Dialog? Für mich ist es seine Antwort auf die Bitte, spontan zu sagen, was ihm zum Wort Liebe einfällt. »Die wichtigste Beziehung zwischen den Menschen«, sagt er, um nach einer Pause hinzuzufügen: »Ihre Geringschätzung, die wir heute leider so oft erleben, ist ein furchtbarer Irrtum.«

»Wir müssen den Verlust der Macht mit Anstand und Würde meistern«

Helmut Kohl ist ein Kämpfer in der politischen Arena, aber auch ein nachdenklicher Mann, der das Leben in allen Höhen und Tiefen kennt, der sich seiner Tränen nicht schämt und der nach dem Auszug aus dem Kanzleramt an seine Mutter dachte, die ihn lehrte: »Die Hand, die segnet, wird als Erste gebissen.«

Das habe ich zuvor noch nie erlebt: dass ein Mann vor mir sitzt, dabei aber so wirkt, als ob er steht. Als wollte er gleich wieder losmarschieren, hin zu den Wählerinnen und Wählern, hinein in die nächste Wahlschlacht. Ein Mann, für den dieses Gespräch in seinem Arbeitszimmer im Kanzleramt nur ein Atemholen zu sein scheint, bevor er wieder auf die Straßen und Plätze eilt.

Ich spüre ein Vibrieren, Zeichen höchster Konzentration. Helmut Kohl gönnt sich kein Zurücklehnen. Kein Hauch von Mittagsmüdigkeit. Kein Abschlaffen am Ende eines Wahlmarathons. Vielmehr disziplinierte Präsenz.

»Es ist unglaublich, wie viel Kraft die Seele dem

Körper leihen kann.« Das sagte Wilhelm von Humboldt, Gründer der Berliner Universität. Kohl hört es, ohne es zu kommentieren. Wer will sich schon in die Seele schauen lassen? Auch ein Wahlkämpfer, den sich die Medien gläsern wünschen, hat ein Recht auf eine geschützte Zone.

Und doch, ist es nicht die geheimnisvollste Frage aller Fragen: Was treibt diesen Mann in den schwersten Wahlkampf seines Lebens? Warum wirft er nochmals den Hut in den Ring? Und wo nimmt er diese Kraft her?

Eines spürt man sofort: Helmut Kohl will sich von niemandem wegschieben lassen wie ein Stück Möbel. Verblüfft hört er die Argumente der anderen Seite: Er sei »verbraucht«. Pah, da kann er nur staunen! Ist das nicht die uralte Melodie, die da ertönt, seit er 1982 – ja, so lange ist es her! – die Nachfolge von Helmut Schmidt antrat?

»Damals hieß es doch: In sechs Wochen ist der Kohl weg vom Fenster. Damals bestand ich sofort auf Neuwahlen. Ich habe das Geschrei meiner eigenen Leute noch in den Ohren: Jetzt, da wir endlich mit dem Regieren dran sind, setzt er alles aufs Spiel. Er scheint total verrückt geworden zu sein.«

Dass Helmut Kohl bei diesem Thema noch einmal genüsslich in seiner eigenen Vita blättert, wer will es ihm verdenken?

»Die Sozialdemokraten sind mit immer neuen Kohorten gegen mich angerannt. Haben einen nach dem anderen an den Start geschickt. Erst kam Jochen Vogel, der solide Mann, der alles ordnen sollte. Dann Johannes Rau, der die Menschen in eine Gefühlswolke einpackte, auf seinem warmen Sofa sollte Deutschland Platz nehmen. Dann tauchte zwischendurch Björn Engholm auf, der Schöngeist, der Mann mit dem Blick in die Ferne übers weite Meer. Und wer war ich? Ich war für sie alle der Dorfdepp aus der Pfalz.«

Der Stachel saß tief, da macht er keinen Hehl. Natürlich hat er auch die anderen Kandidaten Rudolf Scharping und Oskar Lafontaine nicht vergessen. »Und was ist heute? Heute haben sie sich alle versammelt nach dem Motto: Diesmal wollen wir den Kerl endlich wegkriegen. Man tut so, als hätte ich mich mit einer Strickleiter ins Kanzleramt geschlichen, mich hier eingebunkert und in der Zeit bis heute vor mich hingedämmert.«

Aber die Wahrheit sei nun wirklich eine andere: »Es wird doch etwas ganz Entscheidendes unterschlagen: Dass es in all den Jahren für uns bei den Wahlen riesige Mehrheiten gab. Das ist doch der Punkt.«

»Herr Bundeskanzler, Sie prophezeiten vor der Landtagswahl in Bayern gegen den vermeintlichen Trend die hohen Stimmenverluste der SPD. Haben Sie eine Art Wahl-Radar in sich?«

»Ich kenne die Menschen. Ich rede mit ihnen. Und ich höre ihnen zu. Mir war deshalb klar: Das kann nicht gut gehen, dass ein Herr Schröder aus Niedersachsen daherkommt und den Bayern sagt, es müsse nun alles anders werden. Die Bayern sind doch intelligente Leute. Die sagen sich: Unser Land wurde durch die Politik der Regierung in München von einem Agrarland zu einem der führenden Industrieländer Europas. Es gibt Zahlen, die die Erfolge auf fast allen Gebieten bis hin zur inneren Sicherheit belegen. Und so stellen sich die Leute die ganz einfache Frage: Warum kommt der Herr Schröder eigentlich hierher? Was hat er uns denn zu bieten?«

»Schröder bezweifelt nicht Ihre Verdienste, bekundet auch Respekt vor Ihrer Lebensleistung, sagt dann aber, es sei Zeit für einen Wechsel. Eine Lieblingsvokabel von ihm lautet, Sie seien ›verbraucht‹.«

Helmut Kohl horcht dem Klang dieses Wortes nach, als ob es von Ferne kommt, nichts mit ihm zu tun hat.

»Ein Wort von Goethe dazu: Einen Regenbogen, der eine Viertelstunde steht, sieht man nicht mehr an.«

»Ein schönes Wort, ein wunderbares Wort. Dahinter verbirgt sich die Frage, ob es in der Politik Dankbarkeit gibt. Und da sage ich Ihnen, was schon meine Mutter zu mir sagte, und zwar als eine fromme Christin: ›Die Hand, die segnet, wird als Erste gebissen.‹ Das habe ich lernen müssen. Da glaubt man, etwas Gutes zu tun, und dann kommt hinterrücks ein Stoß. Das ist die menschliche Natur, damit muss man leben.«

Helmut Kohl erhebt sich, schaut auf die Uhr, strafft seinen Körper. Er nimmt wieder Witterung auf – diesmal in Richtung Stuttgart zur nächsten Großkundgebung.

Ob der zeitliche und auch kräftemäßige Aufwand sich lohne, frage ich, und Helmut Kohl schaut mich verwundert an.

»Sie müssen zu den Menschen hingehen, Sie müssen ihnen in die Augen schauen, Sie müssen sich anfassen lassen, die Leute haben ein Recht darauf«, sagt er in Vorfreude auf den nächsten Auftritt.

Und nichts kann ihn bremsen, schon gar nicht ein paar Demonstranten mit ihren roten Fahnen. »Das ist ein Auslaufmodell, das gibt es doch nur noch auf Kuba. Als könne man mit Neid noch etwas bewegen, wobei man doch aus dem privaten Leben weiß, dass Neid immer zur Katastrophe führt. Da redet man den Leuten ein, der eine hat ein paar Mark mehr als der andere, also nimmt man ihm dieses Geld weg, und dann haben wir alle was. Bis die Leute merken, dass dann keiner mehr was hat.«

Damit auch ganz klar wird, was er mit diesen Worten meint, fügt Helmut Kohl noch eine Bemerkung hinzu: »Es ist der alte sozialistische Adam, den sie immer und immer wieder durch die Gegend treiben.«

Drei Monate nach dem Verlust der Macht sitze ich Helmut Kohl wieder gegenüber. Mein erster Gedanke: Mein Gott, wo holt dieser Mann die Kraft her, diese Ausstrahlung von Ruhe und Gelassenheit, aber auch von hellwacher Präsenz, die mir sekundenschnell das Gefühl vermittelt: Also, Mitleid müssen Sie mit mir nicht haben, die Bundestagswahl ging zwar verloren, aber das Leben geht weiter, und der

Helmut Kohl ist mitten im Strom dieses Lebens, und die Zeit des Schweigens neigt sich auch dem Ende zu.

Wir sitzen in seinem neuen Domizil, dem Abgeordneten-Büro direkt neben dem Eingang zum Plenarsaal des Bundestages. Da geht jeder mal entlang, schaut auch schon mal bei dem Kollegen Dr. Helmut Kohl vorbei – »in solchen Zeiten lernt man seine wahren Freunde noch besser kennen, kann Spreu von Weizen noch leichter unterscheiden, eine wunderbare menschliche Erfahrung«.

Schon nach wenigen Sätzen wird mir klar: Undenkbar, dass dieser Mann sich in einen Schmollwinkel flüchtet oder auf Reisen geht, um die Welt der schönen Bilder zu sehen. Undenkbar auch, dass er, wie er sagt, »ein kontemplatives Leben führt«, sich von der Politik enttäuscht abnabelt – »die Politik war schließlich mein ganzes Leben, seit ich mit 17 Jahren in die CDU eintrat, das streift man nicht einfach ab«.

Im Gegenteil: Genau in diesem aufregenden Leben voller Höhen und Tiefen, voller Triumphe und Stürze will er bleiben, und zwar mittendrin. »Aber können Sie denn noch etwas Entscheidendes bewegen?«, frage ich nun doch. Helmut Kohl schaut mich an, als wollte er mir bedeuten, ich müsse wohl doch ein bisschen tiefer bohren, um das »Phänomen Kohl« richtig zu erkennen.

Aber dann sagt er nur: »Sie haben Recht, ich bin zwar kein Regierungschef mehr, aber deshalb bleibe ich doch Helmut Kohl.«

Was den Kanzler der Einheit heute umtreibt, ist die Frage, wie es mit Europa weitergeht. »Im Augenblick liegt diese Frage in der Luft.«

Es gibt keine Vokabel, bei der Helmut Kohl so ins Vibrieren gerät wie bei diesem Wort EUROPA. Das hat er ganz groß geschrieben. Das ist in sein Herz eingepflanzt.

»Es gibt ein wunderschönes Wort von Saint-Exupéry. Es lautet: ›Ein Steinhaufen hört auf, ein Steinhaufen zu sein, sobald ein einziger Mensch ihn betrachtet, der das Bild einer Kathedrale in sich trägt.‹ Kann man sagen, dass die Vision von einem in Frieden vereinten Europa die Kathedrale Ihres politischen Lebens ist?«

»Ein wunderschönes Wort, in der Tat, und es ist zutreffend mit der Einschränkung, dass ich nicht allein die Vision hatte. Ich denke an viele, die vor mir waren, an viele Mitstreiter, vor allem gerade auch an meinen Freund François Mitterrand. Trotz aller parteipolitischen Unterschiede war uns beiden eines ganz klar: Die Schrecken dieses blutigen Jahrhunderts mit seinen zwei Weltkriegen und Millionen Toten dürfen sich nie wiederholen.«

»Was geschah am Tag der verlorenen Bundestagswahl?«

»Am Morgen des 27. September habe ich meinen engsten Mitarbeitern gesagt, was ich zuvor schon von den Meinungsforschern aus Allensbach erfahren hatte: Wir verlieren die Wahl, jetzt geht es darum, diesen Verlust mit Anstand und Würde zu meistern.«

Helmut Kohl spricht dieses Wort Würde so aus, als wollte er sagen: ein ungebräuchliches Wort, vom Zeitgeist hin- und hergebeutelt, oft in die Nähe von Arroganz gerückt. »Ich meine aber jene Würde, die wir manchmal empfinden, wenn wir in die Gesichter älterer Menschen schauen oder auf ein besonders eindrucksvolles Portrait oder Gemälde. Da sagen wir doch auch schon mal: Das Bild strahlt eine große Würde aus.«

Nun sei es Gott sei Dank ja nicht so, dass man mit einer verlorenen Wahl auch seine Würde verliert, fährt Helmut Kohl fort. »Niederlagen gibt es in jedem Leben und zu jeder Zeit und immer wieder. Und uns allen war klar, dass die Form des Amtswechsels auch etwas mit der politischen Kultur in unserem Land zu tun hat.«

»Und doch gab es Tränen beim Abschied von der Macht, nicht wahr?«

Wieder dieser Blick von der Seite, dieses fast amüsierte Blinzeln, als wollte Helmut Kohl sagen: Na und?

»Es gehört für mich zu den lächerlichen Vorurteilen, dass es unmännlich sein soll, in solchen Momenten nicht seinen Gefühlen nachzugeben. Ich finde es auch absurd, dass man versucht, dabei einen Unterschied zwischen Frauen und Männern zu machen.«

»Tränen auch bei der Trauerfeier für François Mitterrand in Notre-Dame?«

»Natürlich beherrscht man sich, wenn man ein hohes öffentliches Amt bekleidet. Aber das gelingt nur bis zu einer gewissen Grenze. Ich hatte auch gar nicht bemerkt, dass mich die Fernsehkamera dauernd im Visier hatte. – Aber das Erstaunliche ist, was danach geschah. Ich habe viele, viele Briefe aus Frankreich bekommen, Briefe voller Zuspruch und Tröstung. Das Schöne ist, dass die normalen Leute ganz normal reagieren.«

»Was treibt Sie gegenwärtig außer Europa noch um?«

Die Antwort kommt wie aus der Pistole geschossen. »Die gefährliche Neigung der Deutschen, sich die Freude am Leben nehmen zu lassen. Den meisten in Deutschland ist es nie besser gegangen als jetzt. Wir haben mehr erreicht, als wir je zu erträumen wagten. Aber die professionellen Kultur-Pessimisten ziehen unentwegt durch unser Land und verbreiten ihre deprimierende Stimmung.«

»Verzeihen Sie, wenn ich nun doch noch einmal nachfrage: Wieso wird eine Regierung abgewählt, die ein Land in einen solchen Zustand des Wohlstands geführt hat, den wir überall beobachten – auf den überfüllten Autobahnen und Flughäfen, um nur ein Beispiel zu nehmen, wo die Weltmeister im Reisen unterwegs sind?«

»So etwas kann geschehen, wenn sich viele sagen: Eigentlich bin ich persönlich ja nicht bedroht. Mir geht es summa summarum gut. Es wird sich schon alles so weiterentwickeln. Und wenn dann einer kommt und verspricht ›ihr braucht keine Angst zu haben, wir tun euch nicht weh, wir machen es nur ein bisschen anders‹, dann sagen sich viele Leute nach 16 Jahren: ›Ja, warum eigentlich nicht?‹«

»Ist es für Sie nicht schmerzhaft, nun nicht ins Berliner Kanzleramt einziehen zu können, das es ohne Ihre Politik, die zur Wiedervereinigung führte, gar nicht gäbe?«

»Schmerzlich? Das ist ein falsches Wort, auch wenn es viele Menschen vielleicht nicht glauben. Es gibt für mich keinen Blick zurück im Zorn. Ich sage Ihnen, welches Gefühl mich beherrscht: Dankbarkeit. Ich gehe öfters auf unseren heimatlichen Friedhof in Ludwigshafen, stehe am Grab meiner Eltern, meiner Großeltern väterlicherseits, und dann kommen Gedanken, die über den Tag hinausreichen. Und diese Gedanken haben mit Dankbarkeit für ein gelebtes Leben zu tun. Dankbarkeit ist die Erinnerung des Herzens, das ist mein Grundgefühl.«

»›Alles wanket, wo der Glaube fehlt‹, heißt es bei Schiller in ›Wallensteins Tod‹«, sage ich nun.

»So ist es, genau so ist es. Sie brauchen in der Politik eine Vision, darüber sprachen wir schon. Und Sie brauchen Fortune. An einem bestimmten Tag hat sich das Schloss gelockert, das Tor zur Deutschen Einheit war ein Stück aufgegangen. Wenn nun aber nach Tschernenko ein anderer als Michail Gorbatschow gekommen wäre, und wenn es nicht Ronald Reagan mit seiner Politik gegeben hätte, die den Sowjets klar machte ›Bis hierher und nicht weiter‹, und wenn schließlich nicht George Bush gekommen wäre, der eisern an die Deutschen und an mich persönlich glaubte, dann wäre die Einheit nicht zu Stande gekommen.«

Während ich meinen Mantel anziehe, um aufzubrechen, reicht Juliane Weber ihrem Chef einen Brief. Absender »White House, Washington«. Ein langer handgeschriebener Brief seines Freundes Bill Clinton. Um private Post vom amerikanischen Präsidenten zu bekommen, muss man kein Kanzler sein. Es genügt, ein echter bewährter Freund zu sein. Wie Helmut Kohl einer ist.

»Damit eines klar ist: Ich will in den Himmel kommen«

Frank Elstner, der Großmeister der Fernsehunterhaltung, der Erfinder von »Wetten, dass …«, wäre bei einem Trabrennen beinahe disqualifiziert worden – wegen Unfairness. Seither will er keine Dinge mehr tun, die in die Hölle führen, seither achtet er auf seine Seele.

Wunderbar, wie entspannt dieser Mann ist. Frank Elstner ruht in sich selbst, dass man nur staunen kann. So viel Erfolg, so viele Termine im Stundentakt – und so viel Ruhe in sich selbst und um sich herum. Frank Elstner, verraten Sie uns das Geheimnis.

Und verraten Sie uns, wie Sie es schaffen, worum sich tausende von Fernsehschaffenden meist erfolglos bemühen: an die Spitze zu kommen, ganz nach oben, wo der eisige Quotenwind weht, um dort nicht nur kurz zu verweilen, sondern sich gemütlich einzurichten mit dem Dauerbrenner »Verstehen Sie Spaß …?«.

Und erzählen Sie uns, wie eine Seele beschaffen sein muss, damit sie auf dem größten Jahrmarkt der Eitelkeiten – dem Medien-Fernsehgeschäft – unverwundbar bleibt.

»Wahre Ruhmbegierde ist die Quelle aller großen Taten« – ein Wort von Friedrich dem Großen. »Hat er Recht? War Ruhmbegierde der Treibsatz für Ihre Erfindung von ›Wetten, dass …?‹, dem strahlenden Fixstern am Himmel der deutschen Fernsehunterhaltung?«

»Nein, es ist alles viel einfacher. Ich habe ›Wetten, dass …?‹ nicht erfunden, um Ruhm zu ernten oder eine neue Sendung zu machen. Ich habe mir eines Nachts nur die eine Frage gestellt: Warum wird im deutschen Fernsehen eigentlich nicht gewettet? Und in dieser Sekunde machte es klick bei mir, alles andere war dann Handwerk.«

»Andere Menschen erfinden auch neue Fernseh-Formate …«

»Ja, was Sie dann aber als Nächstes brauchen, ist totale Begeisterung. Sie brauchen für eine große Sendung über hundert Mitarbeiter, die am gleichen Strang ziehen, die Ja zu Überstunden sagen und im Sender einen Chef, der sagt, ich wage es.«

»Und die Zeit muss reif dafür sein …«

»Sicher, als ich mit dem Spiel ›Wetten, dass … ?‹ zum ZDF kam, zeichnete sich am Horizont schon das kommerzielle Fernsehen ab, man wusste in den öffentlich-rechtlichen Anstalten, dass man sich auf einen harten Wettbewerb einzustellen hatte. Und ›Wetten, dass …?‹ brachte genau diesen neuen Ton. Es ging in Richtung Vabanque-Spiel, Abenteuer, Herausforderung, Risiko. Das hatte sie alle gereizt, auch den Intendanten Dieter Stolte, es war wie ein Fieber.«

Frank Elstner schob seine Sendung »Wetten, dass ...?« von 1981 bis 1987 insgesamt neununddreißig Mal auf die Rampe, brach alle Quotenrekorde, um sie dann als Showmaster abzugeben.

»Man muss im Leben loslassen können, um für Neues frei zu sein«, sagt er nur lakonisch.

»Noch einmal zurück zur Ruhmbegierde, die den Preußenkönig so beschäftigte. Sie waren damals mit Ihrer Einschaltquote der absolute Superstar. Hebt man da ab, ist man charakterlich gefährdet?«

»Eine indiskrete Frage ...« Pause ... »Ich erzähle Ihnen ein Schlüsselerlebnis. Ich hatte einmal zwei Trabrennen mitgemacht und beide Male gewonnen. Auf der Zielgeraden beim zweiten Rennen wollte mich mein Nebenmann überholen. Da merkte ich, dass ich mein Pferd ein bisschen so rüberlenkte, dass er das nicht konnte. Ich wäre hinterher fast disqualifiziert worden.«

»Und welche Erkenntnis überkam Sie?«

»Ich habe in dem Moment gemerkt: Wenn ich den Sieg vor Augen habe, und jemand will mir diesen Sieg wegschnappen, dann komme ich an meine Charaktergrenzen, weil ich mir vorstellte, ich könnte Leute über den Haufen fahren; da kriegt man schon einen Schreck über sich selbst.«

»›Die Hölle stelle ich mir als einen Ort vor, an dem die Engländer kochen, die Italiener Lastwagen bewachen und die Deutschen Unterhaltungssendungen machen‹, spottete der unvergessene Robert Lemke. Wenn dieses Bonmot stimmt, müssten Sie in den

Himmel kommen, weil Sie jetzt auch der ARD mit ›Verstehen Sie Spaß …?‹ einen Millionen-Zuschauer-Rekord am Samstagabend bescheren?«

»Damit es klar ist: Ich will in den Himmel kommen. Das bedeutet, dass ich nicht Dinge tue, die in die Hölle führen. Ich weiß, wovon ich rede. Ich war in meiner Jugend sechs Jahre Messdiener. Ich bin hochkatholisch erzogen. Ich wollte sogar Theologie studieren, aber dann kam eine Frau in mein Leben, die Mutter meines ältesten Sohnes, und da wurde mir klar: ein schönes Studium – doch nichts für mich.«

Man wird Frank Elstner nicht gerecht, will man ihn in die Ecke Unterhaltungsprofi abschieben. So war er sich beispielsweise nicht zu schade, nebenbei fürs Nachtprogramm zu arbeiten – mit seiner Interview-Reihe »Die stillen Stars« –, Besuch bei 100 Nobelpreisträgern.

»Wollten Sie in der Scheinwelt der Unterhaltung nicht die eigene innere Balance verlieren?«

»Nein. Aber in der Rückschau mag es so gewesen sein, dass die Begegnung mit lauter Weltberühmten, die alle hart gearbeitet haben, damit die Menschheit Stück für Stück ein bisschen weiter kommt, mich etwas Entscheidendes gelehrt hat: Demut und Bescheidenheit. Ich sah, dass diese Nobelpreisträger keine großen materiellen Ansprüche an ihre Umgebung stellten. Für mich eine nachdenklich stimmende Beobachtung, der ich in einem lauten Beruf bin, mich im Jahrmarkt der Eitelkeiten bewege, wo man denkt, man muss im Hotel immer die größte Suite und den besten Tisch haben. Da hat mir auch Britta geholfen, meine Lebenspartnerin, die auch den Glamour nie gesucht hat.«

Letzte Frage an den Menschen, nicht an den Präsentator von »Verstehen Sie Spaß …?«: »Ist Ihnen eigentlich wohl zumute, wenn Sie mit versteckter Kamera Leute beobachten und reinlegen, und dann auch noch erwarten, dass die Menschen den Spaß verstehen, den Sie und Ihre Mitarbeiter sich aushecken?«

»Ich gebe zu, ein heißes Eisen ist diese Schadenfreude. Deshalb überlege ich mir immer, was ich tun kann, damit das ›Opfer‹ am Schluss besser dasteht als zuvor.«

»Gibt es Grenzen, die Sie nicht überschreiten?«

»Natürlich, wir haben beispielsweise einen Spaß angeboten bekommen, der sich großartig las, der mit einer Urne zu tun hatte. Aber als ich bei den Dreharbeiten sah, wie sich die Angelegenheit entwickelt, habe ich sofort abgebrochen.«

»Wie hätte ich Ihnen diese moralische Frage auch stellen können, da Sie doch in den Himmel kommen wollen, Herr Elstner?«

»Ja, unbedingt. Ich habe mein eigenes Gottesbild. Und ich sehe in meiner Vorstellung durchaus einen sehr großzügigen Gott vor mir. Aber man soll schließlich nichts übertreiben, schon gar nicht für eine Unterhaltungssendung.«

Und plötzlich wird mir klar: Das Geheimnis dieses Mannes ist sein innerer Kompass, der ihn durch die Untiefen einer ebenso brutalen wie glitzernden Medienwelt steuert, ein disziplinierter Künstler, der auf das Heil seiner Seele achtet, aber auch auf seinen Körper hört – der seit Jahren keinen Kaffee mehr trinkt und kein Fleisch isst und der mir verriet: »Mir ging es nie so gut wie heute, und das mit sechzig.«

»Dann verraten Sie mir, bitte, auch noch das Rezept, wie man so unverschämt glücklich wird?«

»Also, Sie werden es kaum glauben, wenn Sie lesen, dass ich fünf Kinder von vier Frauen habe. Aber meine Familie ist eine ganz tolle Familie. Wir sind zusammen, so oft es geht. Das ist meine Kraftquelle.«

»Ziehe die Schuhe erst aus, wenn du an den Fluss kommst«

Norbert Platt, Chef der Weltfirma Montblanc, verheiratet mit einer Chinesin, ist überzeugt davon, dass wir die Menschen in Asien unterschätzen; glaubt als philosophischer Manager fest daran, dass ohne die ›Entschleunigung‹ unseres temporeichen Lebens kein Glück zu finden ist. Ein handgeschriebener Brief gehört dazu.

Der Mann beugt sich zu mir vor und stellt mit leiser Stimme eine Frage, auf die ich selbst nie gekommen wäre: »Mal ehrlich, würden Sie Ihre geheimsten Gedanken einem Computer anvertrauen?« Damit hat er, wie beim Schachspiel, seine Dame schon in die richtige Position gebracht. Er will mich überzeugen, dass es ein himmelweiter Unterschied ist, mit dem Computer zu schreiben oder mit der Schreibmaschine oder mit dem Kugelschreiber oder – aufgepasst, denn darum geht es hier! – mit dem Füller.

Genauer: mit dem »Meisterstück« von Montblanc, im Handel seit 1924, ein Kult-Gegenstand, ein Stück, das man vererben kann, ein Klassiker in der Welt der Schreibgeräte.

Der Mann, der mich mit der Computerfrage provoziert, wartet meine Antwort gar nicht ab, sagt nur »Na also« und beginnt auch schon sofort von seinem Lieblingsthema zu schwärmen: der notwendigen »Entschleunigung des Lebens«.

Womit gemeint ist: runter vom Gas, Tempo drosseln, mal innehalten, das Wesentliche sehen und tun, die Faszination der Langsamkeit für sich entdecken.

Norbert Platt ist Chef von Montblanc und eigentlich müsste er das hohe Lied von der Perfektion singen, mit der hier in Hamburg mit unglaublicher Präzision und in weiten Teilen per Hand die Füllfederhalter hergestellt werden, von denen ich dachte, dass computergesteuerte Maschinen sie in beliebiger Zahl ausspucken.

Stattdessen spricht der Manager von unserem falschen Umgang mit jener Kostbarkeit, die uns Menschen nun wirklich nur begrenzt zur Verfügung steht: der Zeit. Der Lebenszeit.

Und ein Füllfederhalter passt auf den ersten Blick gar nicht in unsere heutige sich immer mehr beschleunigende Zeit, ist anachronistisch. Alleine das Füllen mit Tinte nach Großväterart: was für ein bedächtiger Vorgang! »Entschleunigung der Zeit – das ist unsere Philosophie«, sagt Norbert Platt, und ich spüre: Darauf ist er schon ein bisschen stolz, dass er diesen Begriff geprägt hat. Andere Firmenchefs sind stolz, wenn die Auftragskurve nach oben schießt, die Aktien steigen, die Rendite stimmt – er leistet sich den Luxus der Philosophie rund um ein technisches Produkt. Und was geschieht? Seine Firma verdient damit blendend.

»Wir von Montblanc wollen Geld verdienen, und das darf man auch ganz laut sagen«, sagt der Manager, »in Amerika sowieso, und hier in Deutschland sage ich es trotzdem.«

Da ist er, ein erster kleiner trotziger Seitenhieb hinein in die deutsche Neid-Diskussion, die ihm fremd ist, welterfahren wie er ist. Immerhin lebte und arbeitete Norbert Platt viele Jahre in Asien, heiratete eine Chinesin, ehe ihn dann der Ruf nach Hamburg zu Montblanc ereilte.

»Wenn Sie sich hinsetzen und an einen Menschen einen Brief schreiben, in aller Ruhe und mit der Hand – glauben Sie nicht auch, dass der Empfänger Ihres Briefes etwas Wunderbares spürt – nämlich das Gefühl, dass sich jemand für ihn wirklich Zeit genommen hat, dass er Ihnen ganz wichtig ist?« Solche Gefühle sind in unserer knallharten Welt in der Tat selten.

Und welche Rolle spielt der Füller bei dieser Prozedur? Er ist für den Montblanc-Chef so eine Art »Zeit-Anker«, an dem sich die Menschen für eine Weile festhalten können, nichts Eiliges und Gehetztes sollten ihm etwas anhaben.

Während der Meister über sein »Meisterstück« und dessen geheimnisvolle, nicht messbare Wirkungen spricht – oder muss ich nicht schon sagen: predigt? –, lässt er den schwarz lackierten Füllfederhalter spielerisch durch seine Hände gleiten und vermittelt so das

Gefühl, als sei dies ein magischer Gegenstand, dessen Berührung alleine schon Ruhe und Genuss verschafft.

Und wie immer, wenn ich auf Menschen treffe, die von einer Sache total überzeugt sind, erlebe ich auch hier die Faszination der Wahrheit, die da lautet: Wer an etwas ganz fest glaubt, ist stärker. Norbert Platt vermag sich dann sogar so weit in eine Begeisterung hineinzusteigern, dass er schließlich von einem Füller als einem »beseelten Gegenstand« spricht.

»Sie kamen aus Asien nach Hamburg, wie haben die Mitarbeiter Sie damals aufgenommen?«

»Erst haben sie gedacht, der Mann kommt aus Singapur, also dauert es nicht mehr lange und die Produktion wird nach Asien verlegt, wovon aber keine Rede sein konnte. Dann dachten einige, nun wird alles anders, wie meist immer, wenn neue Chefs kommen – beispielsweise der völlig neue Füller mit Chip, Digitalanzeige, Batterie und eingebautem technischen Schnickschnack.«

Umso größer das Erstaunen, als der Newcomer vor den leitenden Herren seine These von der notwendigen Entschleunigung des Lebens wie einen »Teppich der Erkenntnis« ausbreitete – als Gegengewicht zum Wahnsinnstempo der technischen Entwicklung in unserer Zeit.

»Vielleicht war es Sturheit, vielleicht auch nur mangelnde Investitionskraft, auf jeden Fall hielten wir am Bewährtem fest«, sagt er und fühlt sich rückschauend bestätigt.

»Wer mit der Hand schreibt, zieht eine Charakterspur über das Papier und setzt unübersehbar ein Zeichen seiner Individualität«, sagt Norbert Platt. Wobei er – sei es Höflichkeit, sei es Klugheit – darauf verzichtet, den Gegensatz zum Computer noch mehr als nötig zu betonen, mit dem man Texte »verarbeitet« – das Wort »verarbeitet« genügt ihm da schon.

Wer auf dem Berg sitzt, kann eben leicht in die Tiefen schauen. Und es wäre ja gelacht, wenn eine Firma, die sich seit vielen Jahrzehnten stolz Montblanc nennt und damit den höchsten europäischen Berg zu ihrem Symbol erkoren hat, nicht in jeder Beziehung ganz oben ist, eine Weltfirma eben, die von Hamburg aus mit über tausend Mitarbeitern global operiert.

Neunzig Prozent der Produktion geht in den Export, und ausgerechnet in Amerika, wo ja time money sein soll, kaufen die meisten Menschen den Montblanc für ein ›entschleunigtes‹ Leben.

Unser Gespräch wäre schon fast zu Ende gewesen, hätte ich nicht einmal zufällig das Wort Europa benutzt. »Da sehe ich schwarz. Auch was Deutschland angeht, bin ich pessimistisch. Ich entdecke leider weit und breit keine Anzeichen der Besserung. Vor allem in uns Deutschen steckt eine merkwürdige Angst vor jedem Neuanfang. Ein Neuanfang aber ist heute in weiten Teilen der Wirtschaft und Sozialpolitik dringend notwendig.«

Als ich zum Schluss die hypothetische Frage stelle, ob sich der Montblanc-Chef eine weitere neue Herausforderung vorstellen könnte, in einer anderen Firma, mit einem anderen Produkt, vielleicht sogar in einem anderen Land, zitiert er seine Frau mit einer alten chinesischen Weisheit: »Sie sagt in solchen Momenten immer zu mir: Ziehe die Schuhe erst aus, wenn du an den Fluss kommst.«

Und was ist mit Niederlagen, auch wenn Norbert Platt sie in seinem Höhenflug bisher noch nicht erleiden musste? Da hat er den Trost seiner hessischen Großmutter sofort zur Hand, sollte wirklich einmal etwas schief laufen: »Wer weiß, wozu es gut ist«, pflegte die alte Dame zu sagen.

Zum Abschied schenkt mir der Philosoph auf dem Managersessel eine seiner Lieblingsgeschichten – sie dreht sich, wie könnte es anders sein, ebenfalls um die dahineilende Zeit und ihrer Spiegelung in unserem Bewusstsein. Diese kurze Story geht so: Eine Landschaft in der Bretagne. Drei Geschäftsleute sitzen im Zug – »Ist es nicht verrückt«, sagt der Erste, »wie schnell die Landschaft an uns vorbeirast?« – »Nein«, sagt der Zweite, »das ist nicht die Landschaft. Die Landschaft steht ganz still. Wir sind es. Wir rasen an der Landschaft vorbei.« – »Nein«, sagt der Dritte, »das sind nicht wir. Wir sitzen ganz still. Der Zug ist es. Der Zug rast an der Landschaft vorbei.«

»Es gab nach Axels Tod Einsamkeit – bis an die Schmerzgrenze«

Friede Springer, Verlegerin in Berlin, hat nach dem Tod ihres Mannes Axel Springer im September 1985 am eigenen Leib erlebt, wie Menschen hilflos vor einem Trauerfall stehen. Seither weiß sie: »Menschen, die in Not geraten, brauchen Zuspruch, ein Zeichen der Verbundenheit – und sie brauchen es sofort.«

Es sind ihre Augen, denke ich plötzlich, es sind diese hellen blauen Augen, die ihre Lebensfreude ausstrahlen. Es ist dieser Blick, der sich im Gespräch ganz nah auf dich einstellt, um dann für Sekunden wieder wegzuwandern, in ferne Weiten, die sie so liebt – schließlich hat Friede Springer ihre Kindheit auf der Nordseeinsel Föhr verbracht, »und da gibt es den hohen Himmel, den ich immer wieder suche und ohne den ich nicht leben könnte«.

Wir sind in ihrem Arbeitszimmer, auch dieser Raum bietet ihr weite Horizonte, er liegt im 19. Stock des Axel Springer Verlages, mitten in Berlin, und wenn sie morgens – »Ich bin ein Earlybird« – hier ankommt, ist sie schon glücklich. »Ich hänge an diesem Verlag. Ich fühle mich wohl in der Arbeit für dieses Haus. Und ich fühle mich inzwischen auch angenommen.«

Bescheidene Worte, da man doch weiß, dass sie sehr wohl Entscheidungen in die eine oder andere Richtung wenden kann.

»Aber ich weiß auch«, fährt sie mit leiser Stimme fort, »dass ich alles, was ich kann und was ich habe, Axel Springer verdanke. Er hat mein Leben geprägt und das spüre ich auch heute noch immer.«

Was sie mit ihrem Mann in glücklichen und schweren Jahren – denken wir nur an Attentatsdrohungen, Bombenanschläge auf sein Haus, politisch motivierte Anfeindungen und Verfemungen – gemeinsam erlebt hat, ist die tätige Liebe zu Berlin. »Es ist spannend, heute mitzuerleben, wie diese einst geschundene Stadt langsam zusammenwächst – zu langsam vielleicht.«

»Wäre Axel Springer etwas eingefallen, um dieses Zusammenwachsen zu beschleunigen?«

»Mit Sicherheit, das war ja das Geniale an ihm, dass er so oft das Unmögliche möglich machte. Aber ich bin froh, dass wir mit unseren Zeitungen und Zeitschriften helfen können, diesen Prozess der Verschmelzung zu unterstützen und zu beschleunigen. Jede Reportage, jeder Artikel, der sich mit dem Ost-West-Verhältnis beschäftigt, ist ein Mosaikstein, und am Ende werden wir auf ein Deutschlandbild schauen, das uns glücklich machen wird.«

»Und stolz auch?«

»Stolz gehört nicht in mein Vokabular.«

»Frau Springer, hat es eigentlich nur Vorteile, Trägerin eines so großen Namens zu sein, gibt es da nicht auch Nachteile, Probleme gar, die wir uns nicht so leicht vorstellen können?«

Natürlich gibt es ein paar Probleme, vielleicht eher »Problemchen«, beispielsweise mit den Fotografen, die sie bedrängen, sobald sie in der Öffentlichkeit auftaucht. »Aber ich bin ein Teil dieser Gesellschaft hier in Berlin, und so muss ich damit leben«, nun lacht sie – »schließlich gehöre ich selbst auch zu dieser Medienbranche, wenn Sie so wollen: Täter und Opfer in einem.«

»Sie sind ja nicht nur prominent, ein VIP, wie man heute sagt. Sie sind – und das ist ja nicht unbedingt identisch mit dem anderen – auch populär. Kennen Sie das Wort von Ingmar Bergman: ›Popularität ist eine Strafe, die wie eine Belohnung aussieht‹?«

»Ja, so ist es, genau so ist es, das Wort könnte auch von mir sein, das kann ich nur Buchstabe für Buchstabe bestätigen.«

Es gibt aber noch eine zweite nicht so vordergründige Dimension, und die hat mit den Fehleinschätzungen zu tun, denen Menschen, die im Scheinwerferlicht der Öffentlichkeit stehen, oft hilflos ausgeliefert sind. Friede Springer hat es in den ersten Jahren nach dem Tod ihres Mannes erlebt. »Es gab damals eine Einsamkeit, die bis an die Schmerzgrenze ging.«

Da wartet man schon mal auf einen Anruf, wünscht sich ein Gespräch und ist mit seiner Trauer doch weitgehend allein. Die Trauer ist in solcher Zeit wirklich der Trauernden einziger Trost. Dabei gab es – wie sie heute weiß – damals durchaus viele Menschen, die an sie gedacht haben, die mitfühlten, die sich auch melden wollten. Aber sie haben es nicht getan. Nicht, weil sie nachlässig waren oder vergesslich.

Nein, es war Rücksichtnahme. Viele Freunde verrieten ihr in späteren Jahren: »Wir wollten nicht, dass du denkst, wir sind aufdringlich, wir wollen uns gar an dich ›ranschmeißen‹. Wir haben uns ganz einfach nur darum nicht gemeldet, weil wir dich in Ruhe lassen wollten.«

Dabei sehnte sie sich nach solchen Zeichen der Zuwendung, die ihrer Seele gut getan hätten. »Ich habe diese Hilfe auch gesucht, aber sie wurde mir nicht immer zuteil. Ich habe nicht danach gefragt, aber ich hätte sie schon manchmal gebrauchen können. Ich habe viel daraus gelernt. Wenn ich heute höre, dass einem Freund oder einem Bekannten etwas zugestoßen ist – ein Autounfall, eine Operation, ein Kind ist schwer erkrankt, gleich, was es sein mag –, ich setze mich hin und schreibe sofort. Oder ich rufe an. Ich habe keine Hemmungen mehr, dies zu tun. Ich weiß ja, wie wichtig es ist, in solchen Momenten einen Beweis des Gedenkens, der Verbundenheit, der Freundschaft zu bekommen.«

»Suchen die Menschen auch ganz bewusst Ihren Rat?«

»Ja, aber man kann eigentlich nur dann einen guten Rat geben, wenn man die Situation, um die es dem

Rat Suchenden geht, selbst schon einmal in irgendeiner Form durchgemacht hat. So viel Fantasie, so viel Intuition hat kaum einer, dass er rein theoretisch nachvollziehen kann, was den anderen im Kern bedrückt und beschwert. Man fühlt, wie Hermann Hesse schrieb, im anderen nur dann eine Schwingung mit, wenn man sie selbst in sich hat.«

Friede Springer möchte auch heute nicht über das sprechen, was sie ihrem Mann sein konnte, als die Schicksalsschläge Axel Springer trafen – Tod seines Sohnes Axel, eine schwere Krankheit seines zweiten Sohnes, Entführung seines Enkels. »Zu viel für einen Mann, zu viel für ein Leben, sollte man meinen«, hatte sie damals nur gesagt.

Aber sie war dabei, als der Verleger von seinem Freund, dem Bischof Jobst Schöne, in einer Stunde tiefer Depression einen Satz hörte, der sein Leben veränderte und in eine kämpferische Richtung wies. Der Kirchenmann sagte nämlich: »Verzweiflung ist Sünde, Herr Springer.«

Dass die Zeugenschaft einer solchen intensiven Begegnung und eines solch aufrüttelnden Gesprächs auch bei Friede Springer Spuren hinterließ und die Wegweisungen ihres Lebens neu und zum Wesentlichen hin ausrichtete – wer wollte das bezweifeln?

Aber letztlich sei es auch hier Axel Springer gewesen, der sie zum Glauben hingeführt habe. »Er war immer ein Suchender, er suchte immer eine Antwort, denn auf viele Fragen im Leben fand er keine Antwort«, und so gab es die langen Gespräche bis tief in die Nacht, die unvergessen sind.

»Wäre Ihr Mann mit dem, was heute in den Blättern des Hauses steht, zufrieden?«

»Von kleinen Ausrutschern, die es immer mal in einem so großen Verlag gibt, kann ich uneingeschränkt sagen: Ja, er wäre es. Der Geist von Axel Springer weht immer noch durch dieses Haus.«

»Wenn ich Sie so vor mir sehe, Frau Springer, wirken Sie glücklich und zufrieden. Gibt es da am Himmel der Wünsche gar keine Stelle mehr, wo Sie noch eine Wolke wegschieben möchten? Wo Sie sagen: ›Das hätte ich gerne auch noch‹?«

Die Antwort kommt aus einer Ecke, die ich nach all dem, was sie mir anvertraute, am wenigsten erwartet hätte: Sie wäre gerne noch ein bisschen selbstbewusster.

»Ich bewundere Leute, die ein Instrument beherrschen, die sich ans Klavier setzen können und Chopin spielen, die eine Geige in die Hand nehmen – ach, das werde ich nie mehr erreichen. Und ich bewundere Leute, die sich bei einer kleinen Gesellschaft plötzlich erheben und frei und ohne Stottern eine gescheite kurze Ansprache halten. Das zu können, muss wunderbar sein. Hätte ich nur einiges von dieser Begabung, ich wäre dankbar.«

Aber deshalb bitte keine falsche Sentimentalität. Friede Springer steht mitten im Leben. Sie liebt ihr Berlin, »hier will ich nie wieder fort« –, sie hat Freunde, »ohne die ich nicht sein könnte« – und sie steuert ihr Leben immer wieder in die Gefilde, wo es den weiten Himmel und das endlose Meer gibt. »Wenn ich meine Mutter und meinen jüngsten Bruder auf Föhr besuche, dann schwinge ich mich aufs Rad und fahre singend über den Deich, dann bin ich so glücklich, dass ich es nicht beschreiben kann.«

Schon im Hinausgehen, schaue ich mich noch einmal in ihrem Arbeitszimmer um, von dem aus zuvor Axel Springer, damals mit Blick auf Mauer und Stacheldraht, seinen Verlag zu den großen Erfolgen führte. »Es sieht hier genauso aus wie vor neun Jahren, als ich zuletzt hier war«, sage ich. Friede Springer: »Sie haben Recht. Das Zimmer ist original genau so, wie es der Verleger verlassen hat. Ich habe seine Bücher da gelassen, wo er sie hingestellt hat. Es hängen die Bilder so, wie er es einst bestimmte. Nichts hat sich verändert.«

Und dann sagt sie, mit nochmals gesenkter Stimme: »Ich bin hier nur Gast, ich bin hier wirklich nur Gast. Und ich finde das gut so.«

»Wir operieren auch nachts – während andere schlafen«

Professor Dr. Roland Tauber, Hamburger Chefarzt für Urologie, beobachtet ein stetig steigendes Anspruchsdenken bei den Patienten, die übersehen, dass früher ein Leben in Gesundheit mit achtzig eher eine Ausnahme war.

Sieben Uhr morgens. Weiße Kittel huschen über die Korridore. Treffen der Ärzte im Haus 35 der Urologischen Station im Allgemeinen Krankenhaus Hamburg-Barmbek. Backsteingebäude. 85 Jahre alt. Kunst an den Wänden der Korridore; ein Hobby des Klinikchefs: die Welt der schönen Bilder für seine Patienten.

»Wir starten in aller Frühe, während sich viele Menschen noch mal im Bett umdrehen. Wir sind rund um die Uhr da, auch nachts. Aber wen interessiert das, wenn über uns Ärzte lamentiert wird, zum Beispiel bei der zähen Debatte über die Gesundheitsreform, die nicht von der Stelle kommt?«, fragte Professor Roland Tauber. Es klingt bitter.

Ein Stapel Papiere liegt vor ihm. Jedes Blatt ein Schicksal. Krankengeschichten in Stichworten, die Therapie in Kürzeln. Alles Chiffren, hinter denen sich in dramatischen Fällen Entscheidungen über Leben und Tod verbergen.

Über 3500 Kranke gehen so jährlich durch die urologischen Stationen. Jeder stationäre Fall wird im Kollegium besprochen. »Wir Ärzte bilden ein Team. Wir sind aufeinander eingespielt. Jeder Kollege muss von jedem Patienten alles wissen. Es ist wie beim Reißverschluss, wo ein Zacken in den anderen greift, sonst klappt es nicht.«

Nach der Beratung im Kollegium nimmt mich Professor Tauber mit in sein Arbeitszimmer. Ein winziger, spartanisch eingerichteter Raum; kein Behördenleiter wäre damit zufrieden.

»Ich dachte bisher, ein Chefarzt würde …«

»Wir sind hier nicht im Fernsehen oder Kino«, unterbricht mich der Klinikchef. Ich hatte schon in der knappen halben Stunde bei dem Ärzte-Kollegium gemerkt: Professor Tauber liebt Klartext. Also frage ich: »Ein ganzes Leben gewidmet den ableitenden Harnwegen – ist das Ihr Jugendtraum gewesen?« Die Antwort kommt schnell – und deutlich.

»Ich komme aus einer Arztfamilie. Vater, Großvater, Onkel, alles Ärzte. Ich habe schon als Kind sonntags Telefondienst geschoben. Ich war bei Hausbesuchen dabei. Ich kenne die Welt der Ärzte und der Kranken, seit ich denken kann.«

»Und Sie lieben diese Welt?«

»Was heißt hier lieben? Ich bin in ihr zu Hause! Und wenn Sie einem Mann einen Blasentumor entfernen können und er geht zwei Wochen später geheilt heim, dann ist das doch für den Operateur ein Erlebnis.«

»Wenn alle Ärzte so leidenschaftlich Ärzte wären ...«

»Sie sind es oder doch zumindest die meisten. Glauben Sie mir: Wir haben in Deutschland ein hohes Niveau in der Medizin, das wird bei den oft kleinlichen Diskussionen gerne übersehen. Wenn sich etwas in den letzten Jahren geändert hat, dann ist es die Anspruchsmentalität der Patienten, die zugenommen hat.«

»Die Patienten wissen durch die Medien besser Bescheid, ohne gleich Hypochonder zu sein – ist es das, was Sie meinen?«

»Ja, wir haben es heute in der Tat mit dem aufgeklärten Patienten zu tun – und das ist im Prinzip gut. Aber früher waren die Menschen eher bereit, auch mal Nackenschläge hinzunehmen. Das ist jetzt anders. Es gibt Patienten, die einfach nicht damit fertig werden, dass das Alter sie einholt, dass sie erschöpft sind und müde und dass ...«

»... das Leben endlich ist.«

»Genau! Und so entwickelt sich bei immer mehr Patienten eine Reise- und Abfrage-Mentalität. Man holt sich drei, vier Meinungen ein. Man reist von Doktor zu Doktor. Man sucht heute auch Informationen im Internet. Das ist die eine Seite. Die andere, die bessere Seite ist die, dass es immer noch ein großes Vertrauen gibt. Wenn ich Patienten auf die Risiken einer Operation hinweisen will, winken sie oft schon ab und sagen: ›Schreiben Sie hin, was Sie wollen, Herr Doktor, ich habe keine andere Möglichkeit.‹ Wer einen Krebs hat, muss und sollte schnell handeln. Und in einer solchen Situation gilt dann: Der Patient muss sich vorübergehend vertrauensvoll in die Hand des Arztes begeben.«

»Warum sind Sie gerade Urologe geworden, wo liegt die Faszination?«

Professor Tauber lehnt sich zurück und lacht, als wollte er mir bedeuten: Fehlt nur noch, dass Sie mich fragen, ob die Niere eine Seele hat. »Die Urologie entspricht meiner Mentalität. Ich wollte immer einen Beruf ausüben, bei dem rasche Entscheidungen gefragt sind. Das ist bei mir der Fall. Ich kann durch eine Operation an die Krankheit direkt herangehen. Auch wenn eine Operation schon mal sechs Stunden dauert, ich sehe den Erfolg sofort.«

Und dann kommt Professor Tauber ins Schwärmen, als gäbe es nichts Schöneres als dieses: das »offene Operieren«, bei dem einem Kranken der Bauch aufgeschnitten wird, um einen Tumor zu entfernen.

»Wenn einen Patienten, dem man beispielsweise eine neue Blase eingesetzt hat, später bei der Nachuntersuchung nur noch die Frage beschäftigt, ob er beim Schlittschuhlaufen auf der zugefrorenen Alster noch Pirouetten drehen darf, dann ist das für den Arzt eine tolle Befriedigung.«

Und nun erzählt er den alten Mediziner-Witz, der da lautet: »Der Internist weiß alles und macht nichts;

der Chirurg kann alles, weiß aber nichts; und der Pathologe weiß alles, aber es nützt nichts mehr.«

Er hat diesen Schnack sicher schon hundertmal erzählt, aber er kann immer wieder darüber lachen. Ein bisschen Spaß muss sein – wie wäre der Tag inmitten von Menschen, die sich oft vor Schmerzen krümmen, die schnellste Hilfe suchen, sonst zu überstehen?

Professor Tauber liebt die Herausforderungen des Tages. Überstunden sind für ihn kein Thema. »Und Ihre Frau, was sagt sie dazu?« Seine Antwort kommt lachend: »Meine Frau ist auch Ärztin und auch meine zwei Söhne Roland und Stephan sind Mediziner, kein Problem an der Familienfront also.«

»Worunter leiden Sie, wenn Sie dann überhaupt leiden?«

»Hin und wieder unter dem pessimistischen Zeitgeist, der auch die Fortschritte negiert – die es gerade bei der Medizin gibt. Ein Leben mit 80 in Gesundheit und Freude, das gab es vor ein paar Jahrhunderten doch nur in Ausnahmen! Wir Menschen sollten uns öfter auf die Dankbarkeit besinnen.«

»Tragisch ist, dass wir nichts festhalten können, dass alles verfliegt«

Justus Frantz, Pianist, Dirigent und Schöpfer der »Philharmonie der Nationen«, hält die großen Momente der Musik mit Beethoven, Bach und Brahms für »direkte Gottesbeweise«. Und er glaubt, dass es die Aufgabe eines Künstlers ist, »Licht zu senden in die Tiefen des menschlichen Herzens«. Ein Wort von Robert Schumann, »das auch von mir sein könnte«.

Wenn er von Lennie spricht – und er spricht gerne von seinem Freund Lennie –, dann mischt sich in seine Stimme etwas Suggestives, als wollte er aus dem Himmel seiner Erinnerung den schönsten Stern zur Erde herniederholen – und dieser Stern war für Justus Frantz nun einmal das Jahrhundert-Genie Leonard Bernstein.

Justus Frantz erzählt in privaten Augenblicken gern Federleichtes. So die Story, die er erlebte, als er mit Lennie in Rom auf dem Weg zum Papst war. Ein Hotelpage lief dem Maestro hinterher, überreichte ein Telegramm, das der Schriftsteller Vladimir Nabokov, berühmt geworden durch den erotischen Roman »Lolita«, an Bernstein geschickt hatte. Eingedenk der

Erfahrung, dass Bernstein die Menschen mit seinem stürmischen Temperament gerne umarmte – und sogar wildfremde Menschen küsste, wenn ihm sein Sinn danach stand –, telegrafierte der Russe dem Amerikaner eine Warnung vor der Fahrt zum Vatikan: »Don't forget, it is the ring and not the lips.«

Justus Frantz erzählt aber auch Gemeißeltes. »Wir Deutsche wären erst richtige Demokraten, wenn wir gelernt hätten, die Freude an der Kultur mit anderen zu teilen.« An diesen Satz von Lennie muss er oft denken, wenn er heute mit der Sammelbüchse durchs Land zieht, um Spenden und Sponsoren für sein Orchester »Philharmonie der Nationen« aufzutreiben – und dabei gleichzeitig zornig auf die »Monopolisten« schaut.

»Mit Monopolisten meine ich jene Kollegen im staatlichen Kulturbetrieb, denen es völlig genügt, wenn im Auditorium nur ihre Frau und ein paar Freunde sitzen, weil sie existenziell niemals gefährdet sind, die Steuergelder fließen ja.«

Von solcher Selbstverwirklichung auf Kosten anderer hält der Menschenfänger nun rein gar nichts. Er liebt ausverkaufte Säle und volle Stadien. Er scheute sich nicht, bei seinem »Schleswig-Holstein Musik-Festival« neben Händel und Beethoven Imbissbuden zu platzieren und den Konzerten in Scheunen und Schlössern mitternächtliche Feuerwerke hinterherzujagen – Musik als Gesamterlebnis.

»Jeder Einzelne im Publikum ist ein Esel, aber alle zusammen sind sie die Stimme Gottes, sagte einmal

Franz Liszt« – und Justus Frantz jubelt: »Ja, genau so ist es! Wir spüren oben auf der Bühne: Es gibt im Auditorium so etwas wie eine Gruppenseele. Der ganze Saal lebt und atmet plötzlich mit. Es entwickelt sich eine Inspiration, die uns dem Ursprung der Musik näher bringt.«

Nun wirkt er auf einmal unzufrieden, möchte es deutlicher sagen. »Wissen Sie, in den wirklich großen Momenten der Musik, etwa bei einem späten Streichkonzert von Beethoven, bei einer Mahler-Sinfonie, bei Bach oder Brahms, haben Sie das Gefühl, ein Schleier würde weggezogen – das sind alles direkte Gottesbeweise!«

Denn das sei der Zauber: Dass er als Pianist oder Dirigent die Musik immer neu entstehen und die Zuhörer an dieser Wiedergeburt einer Sinfonie, eines Klavierkonzerts teilnehmen lassen kann.

»Und der Erfolg beim Publikum, wenn das Konzert gelungen ist, macht Sie glücklich?«

»Überhaupt nicht.«

»Wie bitte?«

»Überhaupt nicht. Ich freue mich darüber, das schon. Aber ich hasse es, wenn hinterher Leute kommen und mir zum Erfolg gratulieren. Erfolg ist in unserem Fall ein vielschichtiges Phänomen. Ich versuche mit meinem Orchester, den Menschen etwas zu bringen, was in unserer materialistisch angepassten Zeit immer seltener wird. Und das hat etwas mit der Seele zu tun. Das Tragische ist nur, dass wir nichts festhalten können, dass alles verfliegt. Aber das macht ein

Konzert auch kostbar. Und so gibt es immer wieder Abende, an denen die Zuhörer beim Nachhausegehen schwärmen: ›War das nicht überirdisch schön?‹«

»Tucholsky hat gesagt: Musiker sind nicht eitel, sie bestehen aus Eitelkeit. Trifft Sie diese Spitze?«

»Mit allem Respekt: So etwas kann nur einer sagen, der von Musik keine Ahnung hat. Wenn ich Mozart nicht selbstvergessen, ja demütig interpretiere, dann könnte ich das Ganze auf den Müllhaufen kehren. Nein, hier irrt Tucholsky. Gerade in den Momenten, in denen ich spüre, dass uns große Musik glückt in dem Sinn, wie ich es eben beschrieben habe, weiß ich, wie klein wir Menschen sind. Gegen Gottesbeweise sind wir im Übrigen machtlos, gleichgültig, ob es diese in einem Konzertsaal oder in einer Kathedrale gibt.«

Ich staune, wie Justus Frantz, der Heitere, die ernsten Seiten seines Lebens aufblättert. Ich hielt ihn vor allem auch für einen hervorragenden Musik-Marketing-Magier. »Ich weiß nur: Auf das Managen könnte ich verzichten, auf die Musik nie. Wo immer es ein Orchester oder einen Flügel gibt, fühle ich mich zu Hause, bin ich glücklich.«

»Sie werden älter, die Vitalität nimmt ab.«

»Schade, Sie können es nicht nachvollziehen. Aber ich sage Ihnen: Musik ist ganzheitliche Meditation. Einerseits verausgaben Sie sich, andererseits sind Sie im selben Augenblick reich beschenkt. Wer Musik liebt, kann nie ganz unglücklich werden, ein schönes

Wort von Franz Schubert, dem ich nur noch hinzufügen möchte: Und er kann nie ganz einsam sein.«

»Ihr Freund Helmut Schmidt, der öfter in Ihrem Haus auf Gran Canaria vorbeischaut, beklagte einmal, dass die heutige Generation in einem Meer von Geräuschen ertrinkt. Eine Lanze gegen die Popmusik?«

»Ich weiß nur, dass manche Popmusik leider den menschlichen Charakter und seine Emotionen auf das Format eines Comicstrips reduziert. Sie ist weit davon entfernt, so differenziert zu sein, wie es die menschliche Seele nun Gott sei Dank einmal ist.«

»Wenn man Sie so sieht, hört, erlebt, denkt man: Der Justus Frantz kennt nur die ›sunny side of the street‹. Stimmt dieser Eindruck?«

»Dann vergessen wir mal nicht die Schattenseite: dass ich nach einem Sturz in China fast ein halbes Jahr in einer Klinik stocksteif liegen musste, nicht die kleinste Bewegung war erlaubt, um eine Querschnittlähmung zu vermeiden. Damals habe ich Russisch gelernt. Damals habe ich vor allem aber begriffen, was die Zeit für ein Geschenk ist. Sie werden nicht erleben, dass ich abends vor der Glotze sitze und hoffe, dass ein Film doch noch irgendwann besser werden könnte.«

»Sie kommen mit Ihrem jungen Orchester viel im Ausland herum. Ihre Gedanken bei der Heimfahrt?«

»Ich liebe Deutschland, aber ich bedaure die Humorlosigkeit in diesem Land, die Mutlosigkeit, die Betonung des Negativen, auch eine gewisse Spießigkeit. Und dann, dass es diesen ewigen Neid gibt – ich wäre halt lieber in einer Eidgenossenschaft als in einer Neidgenossenschaft.«

Als ich Justus Frantz zum Schluss frage, ob er die Definition gut findet, wonach die Aufgabe eines Künstlers darin besteht, »Licht zu senden in die Tiefen des menschlichen Herzens«, sagt er: »Dieses Wort könnte auch von mir sein, aber ich weiß, es stammt von Robert Schumann. Aber das mit dem Licht senden in die Herzen, das stimmt hundertprozentig, heute mehr denn je.«

»Ich hatte den unbändigen Willen, nach oben zu kommen, Karriere zu machen«

Gerhard Schröder, Bundeskanzler, gibt offen zu, dass er nicht an ein Paradies auf Erden glaubt. Ja, er hält es erstaunlicherweise auch nicht einmal für wünschenswert. »Ich glaube, es gibt ein Menschenrecht auf Irrtum«, sagt er zur Erklärung.

Was ist psychologisch interessanter, was spannender, als mit einem Mann zu reden, der sich vorgenommen hat, Kanzler der Deutschen zu werden, und der noch auf den Luftkissen guter Umfragen schwebt, zwanzig Tage vor dem Tag aller Tage – dem Tag der Bundestagswahl, die er dann gewinnen sollte.

Ich sitze ihm zum zweiten Mal gegenüber, wieder in den weiten Räumen der Staatskanzlei zu Hannover, wieder auf der Suche nach dem archimedischen Punkt, von dem aus dieser Politiker zu erklären ist, durch alle Schattierungen und Unverbindlichkeiten hindurch.

»Wie viel Zeit haben wir?«, frage ich, höflichkeitshalber. »Jede Menge«, antwortet Schröder. Erstaunlich, denke ich. Gehen hier am Maschsee die Uhren langsamer? Anders gar als bei der SPD-Wahlkampfleitung in Bonn, wo die Genossen ja schon ungeduldig die Minuten und Sekunden zählen?

Bei unserem letzten Zusammensein vor vier Jahren zog Gerhard Schröder sofort die Jacke aus, gab sich jovial, entspannt, verbat sich jede Störung, »es sei, Hillu ruft an«, so war es damals. Vorbei, verweht die Erinnerung. Und er diktierte mir seinerzeit schon nach wenigen Gesprächsminuten das Credo seines Lebens ins Tonband: »Ich warte nicht, bis ich gerufen werde, ich melde mich selbst zu Wort.«

Heute wissen wir, Gerhard Schröder war nicht zu überhören. Er wurde an Lafontaine vorbei Kanzlerkandidat. Er wirkt, als sei er inzwischen ein paar Zentimeter gewachsen. Er behält jetzt auch seine Jacke an, obwohl noch einmal ein warmer Sommerwind durch Hannover weht.

Nur eines ist heute genau so wie damals: Die Schwingungen, die dieser Mann aus seinem Unterbewusstsein aussendet, haben eindeutig mit Macht zu tun. Einer noch verschleierten Macht, die sich milde gibt. Aber das Glimmern ist zu spüren.

»Lincoln hat gesagt, dass man den Charakter eines Menschen am besten erkennt, wenn man ihm Macht gibt. Was steht uns da bei Ihnen noch an Entdeckungen bevor, sollten Sie die Wahl gewinnen?«

»Ich bin ganz anderer Meinung«, fährt er mir in die Parade. »Ich glaube, dass man den Menschen an vielerlei erkennen kann, zum Beispiel an der Art, wie er eine Aufgabe erledigt – oder nicht erledigt.«

Ob er sich denn wenigstens mit Goethe anfreunden könne, der in seinen »Maximen und Reflexionen« behauptete: »Die Macht soll handeln und nicht reden.«

Das ist nun ein Satz, der ihm total gefällt. Schröder schießt aus seinem Sessel nach vorn. »Genau so ist es! Das könnte mein Glaubensbekenntnis sein«, ruft er, als hätte er nach dieser Formel gesucht, um Macht zu definieren und zu legitimieren.

»Es wird viel gesprochen, dass in der Demokratie die Macht nur auf Zeit verliehen wird. Auch Sie betonen das immer öffentlich. Das klingt plausibel, ist aber nicht so harmlos, wie es scheint. Helmut Kohl hat dieses Prinzip doch praktisch außer Kraft gesetzt. Er regiert jetzt sechzehn Jahre, eine Zeitspanne, die über Generationen reicht. Würden Sie im Falle eines Wahlsieges auch bis weit ins nächste Jahrtausend regieren wollen?«

»Über diese Frage habe ich mich lange mit Helmut Schmidt unterhalten. Er meinte, acht Jahre wäre die äußerste Zeitspanne für ein solches Amt. Ich selbst halte nichts von einer solch formalen Begrenzung. Aber andererseits sieht man doch die Nachteile einer zu langen Amtszeit gerade jetzt bei Helmut Kohl. Hätte er vor zwei Jahren sein Amt aufgegeben, er wäre sicher hoch geehrt und auch parteiübergreifend verabschiedet worden. Aber Gründe, weiterzumachen, gibt es immer, das ist natürlich klar.«

Gerhard Schröder senkt die Stimme, wann immer er vom Amtsinhaber spricht. »Ich hab mit ihm keine

Probleme«, sagt er oft und gerne, als wollte er Autosuggestion betreiben. »Er ist ein anderer Jahrgang.« Es schwingt auch ein Schuss Bewunderung mit: Der körperliche Einsatz des Kanzlers, die Bewältigung der hohen Stressbelastung, das imponiert dem Jüngeren. Auch die kleinen Tricks im politischen Geschäft gehören dazu. »Ist Ihnen mal aufgefallen, dass Kohl immer genau die Sozialdemokraten lobt, die gerade nicht seine Gegner sind? So wie jetzt im Bundestag, wenn er Ministerpräsident Eichel als einen vernünftigen Mann preist«, fragt er.

»Die Macht hat viele Facetten, die den harten Kern umgeben: Die Eitelkeit gehört dazu, die Popularität, ja, spricht man nicht auch von einer Erotik der Macht?«

Gerhard Schröder gibt sich bewusst asketisch. »Eitelkeit war bei mir sicher in jungen Jahren mit im Spiel. Aber nach fünf Wahlkämpfen ist man davon frei. Wenn ich jetzt überall in Deutschland meinen Kopf auf den Plakaten sehe, dann betrachte ich diese Plakate rein professionell: Sind es gute, also werbewirksame Plakate, oder sind es schlechte Plakate?«

Na, na, Herr Kandidat, schießt es mir leise zweifelnd durch den Kopf, und schon räumt er blitzschnell ein, dass man natürlich Spaß daran haben muss, in der Öffentlichkeit erkannt zu werden. Und auch beim berühmten »Bad in der Menge« hat er inzwischen gelernt, es zu genießen.

»Die Leute wollen dich anfassen, so einfach ist das. Bis hin zu der für mich höchst ungewöhnlichen Situation, dass mir plötzlich eine Frau ihr sechs Wochen altes Baby in den Arm drückt.«

»Schiller schrieb an Goethe: ›Es gibt gegen eine Stunde des Mutes und Vertrauens immer zehn, wo ich kleinmütig bin.‹ – Können Sie das nachvollziehen, ist das bei Ihnen ähnlich?«

Schröder lacht breit. »Nein, ich hab ein anderes Mischungsverhältnis.«

»Welches?«

»Fifty, fifty.« Pause. »Es hat ja keinen Zweck, Ihnen etwas vorzumachen. Wenn Sie als Politiker nicht die Kunst des Verdrängens beherrschen, schaffen Sie es nie.«

»Schauen wir in die Zukunft, von der wir ja nur eines wissen, dass wir nämlich nichts von ihr wissen. Oder sehen Sie das anders?«

»Ich habe mal zu denen gehört, die Zukunft für planbar gehalten haben. Meine persönliche und berufliche Erfahrung hat mich eines Besseren belehrt. Ich halte es für unmöglich, heute zu bestimmen, was in zehn Jahren ist. Ich halte auch das Paradies auf Erden nicht mehr für möglich. Und nun werden Sie sich vielleicht wundern: Ich halte es auch nicht für wünschenswert.«

Pause. Er lässt den Gedanken ausschwingen. »Ich sage Ihnen auch, warum. Dann müsste es nämlich völlig andere Menschen geben. Menschen, die frei von Irrtümern sind. Ich glaube aber, es gibt ein Menschenrecht auf Irrtum.«

Meine letzte Frage an den Mann, der in jungen Jahren bei einem nächtlichen Streifzug durch Bonn mit dem Ruf: »Ich will hier rein, ich will hier rein!« an den Gitterstäben des Kanzleramtes gerüttelt hat: »Was ist der Motor, der Sie so nach vorne peitscht?«

»Es gibt viele Antriebsmomente. Der wichtigste ist wohl, dass ich als Junge darunter gelitten habe, nicht in die Oberschule gehen zu können. Ich hatte aber den unbändigen Willen, nach oben zu kommen, Karriere zu machen. Zuerst für mich selbst. Und das hat sich dann auch auf die Politik übertragen.«

»Sie konnten diesen Aufstieg in einem Land machen, das von der freiheitlichen Politik der CDU geprägt ist.«

»Ja, ich habe unsere Gesellschaft als eine sehr offene Gesellschaft kennen gelernt. Bei uns kann man als Arbeiterkind wirklich Vorstand eines Unternehmens oder Museumsdirektor oder anderes werden. Das ist bei uns sogar leichter als in Frankreich oder England.«

»Und Visionen?«

»Ich glaube, wir sind zurzeit nicht in einer Situation, in der es darum geht, die strategischen Höhen zu besetzen, sondern wir haben die Mühsal der Ebene zu bewältigen.«

»Angst vor dem Amt, wenn es Ihnen denn zufiele?«

»Nicht vor dem Amt, aber schon Angst davor, diejenigen, die es mir vielleicht geben, zu enttäuschen.«

»Es gibt leider keine Treue mehr zu den Stars«

Wolfgang Rademann, Erfinder und Produzent erfolgreichster Fernsehserien wie »Das Traumschiff« und »Schwarzwaldklinik«, ist traurig darüber, dass wir Deutschen keine Ehrfurcht mehr vor unseren Helden haben und als Zuschauer bindungslos durch die Gegend zappen.

Wir sind im Hafen von Singapur. Der weiße Luxusliner liegt unter gleißendem Sonnenlicht. Plötzlich scheint die »M. S. Deutschland« zu vibrieren. Denn ER ist gekommen, der ›Traumschiff‹-Erfinder, der Produzent, der die Einschaltquote über alles liebt, der Mann, der Wolfgang Rademann heißt und der mit seinen Fernseh-Märchen elf Millionen Zuschauer fesselt.

Er nimmt sofort Witterung auf. Schaut in jede Ecke des Schiffes, ob alles noch so ist, wie es immer war. Keine Spur von Müdigkeit im Gesicht dieses Mannes trotz des Nachtflugs. Draußen lauert die Hitzehölle von Singapur. 32 Grad im Schatten, über 90 Prozent Luftfeuchtigkeit.

»Meine Schauspieler kommen morgen«, sagt er knapp und verrät ungewollt ein Geheimnis seiner vielen Geheimnisse: Rademann ist schnell immer schon da, wo andere erst noch hinwollen. Ein heller Berliner Junge, dem man nichts vormachen kann. Dessen Büro nur seine Aktentasche ist und ein Telefonbuch. Und der eine Klartext-Sprache spricht, die an Deutlichkeit nun wirklich nichts zu wünschen übrig lässt.

»Ich habe für meine TV-Produktionen einen eigenen Moralkodex, den mir niemand aufgezwungen hat«, sagt er in mein Mikrofon. »Bei mir wird das Wort ›Sch...‹ grundsätzlich vermieden. Bei mir gibt es keine Pinkelszenen, wie sie die Jungfilmer lieben.« Der Mann lässt Dampf ab. »Es macht mich krank, wenn ich sehe, wie die Gewalt im Fernsehen immer mehr Boden gewinnt. Und das Schlimme ist: Die Zuschauer mögen das anscheinend. Da wird getreten und gehauen und gemordet, und es muss Blut fließen, kein Wunder, dass es solche Gewaltakte jetzt auch auf unseren Schulhöfen gibt.«

»Dagegen ist Ihr ›Traumschiff‹ eine total altmodische Angelegenheit, nicht wahr?«

»Aber ja, genau das ist ja das Erfolgsgeheimnis. Die Serie wurde vor neunzehn Jahren so konzipiert und nicht verändert. Das heißt, jede Episode geht gut aus und hat – völlig unglaublich – immer ein Happyend. Die Zuschauer wissen, dass die zerrüttete Ehe wieder geheilt ist, wenn das Paar von Bord geht.«

»Kann es sein, dass Sie mit Ihrer ›Es wird schon alles gut‹-Philosophie eines Tages Schiffbruch erleiden und dann Ihr ›Traumschiff‹ versenken müssen?«

»Wenn meine Programm-Philosophie nicht mehr aufgeht, lasse ich das ›Traumschiff‹ sterben. Ich lasse es nicht verkommen zu einem Geiseldampfer oder zu einem Albtraumschiff, in dem das Essen in der Küche vergiftet wird oder der Kapitän in die Kabinen schleicht, um dann als Vergewaltiger entlarvt zu werden.«

»Herr Rademann, Sie sind mit dem ›Traumschiff‹, mit der ›Schwarzwaldklinik‹, mit dem ›Hotel Paradies‹, mit den Peter-Alexander-Spezialitäten immer auf der sonnigen Seite der Straße spaziert – was denken Sie heute nach vierzig Jahren aktiver Fernseharbeit über die Zuschauer?«

»Ich bin nicht mehr so optimistisch wie früher. Ich beobachte einen ungeheuren Konzentrationsverlust. Die Leute zappen wie wild. Die Bindungsfähigkeit geht verloren, die wir früher hatten. Das hat Auswirkungen auf unsere Arbeit. Eine Story kann sich nicht mehr in Ruhe entwickeln, sie muss sofort klar erkennbar sein. Die Folge ist, dass die Zuschauer schon vorher wissen, wie alles ausgeht. Sie sind so gewitzt, dass sie sagen: Wenn der Schulze mitspielt, dann muss er der Mörder sein, sonst würde der nicht mitspielen.«

»Der Zuschauer, das unbekannte Wesen, trotz aller Quotenforschung. Oder doch eher das bekannte Unwesen, das sich von den Fernsehmachern gängeln lässt?«

»Was mich traurig stimmt, ist die Tatsache, dass die Deutschen – und zwar die Branche wie die Zuschauer – ihre Helden nicht mehr lieben. Ich wollte mal –

und zwar kostenlos – eine Curd-Jürgens-Gedenksendung machen – abgelehnt. Wir Deutschen haben einen verhängnisvollen Zug, alles zu negieren, was einmal groß und schön war. Wir haben auch keine Legenden mehr, Max Schmeling ist die Letzte. Der Tod von Heinz Rühmann – aus, Ende, weg.«

In Augenblicken wie diesen kann Wolfgang Rademann, der heitere Fernseh-Reise-Lebenskünstler, einen Schatten auf sein Gesicht zaubern, dass man glaubt, er leidet körperlich unter dem Zeitgeist.

Und wieder legt er, in die Gesprächspause hinein, noch einen Scheit ins Feuer: »Und ich hab die Schnauze voll von den jungen Redakteuren in den Anstalten, die mir erklären wollen, was Fernsehen ist. Diese Leute verwechseln Zarah Leander glatt mit Marika Rökk und halten O. E. Hasse oder Martin Held für Staubsauger-Vertreter. In den USA würde ein Redakteur seinen Job verlieren, wenn er nicht sagen kann, wer John Wayne war. Ja, ich finde es wirklich bedenklich und traurig, dass wir keine Ehrfurcht mehr vor unseren Helden haben.«

»Treue, wo ist dein Sieg?«

»Es gibt keine Treue, auch keine große Dankbarkeit, dafür aber ein großes Gezappe und eine erschreckende Bindungslosigkeit.«

Gleichwohl: Wolfgang Rademann wird mit seinem ›Traumschiff‹ weiter in See stechen. Über hundert Storys sind verbraucht. Fast alle Länder auf unserem Globus schon befahren. Studiert man seine Gewohnheiten, erfährt man über ihn mehr, als ein Psychologe je ergründen könnte. Er liest täglich ein Dutzend Zeitungen und wöchentlich 22 Illustrierte. Er bevorzugt Sülze mit Bratkartoffeln, obwohl er sich Kaviar und Hummer spielend leisten könnte. Gershwin schrieb die Musik, die er mag, Caspar David Friedrich malte die verträumten Motive, die seine Seele berühren.

Plötzlich ein schneller Blick auf die Uhr. »Wir müssen Schluss machen, ich muss zum Flughafen, meine Schauspieler abholen.« So ist er, der Rademann: Ein Produzent, der noch Respekt hat vor denen, die andere zynisch nur Gesichtsverleiher nennen.

»Die tödliche Krankheit kam zu meiner Frau wie Schnee im Juli«

Michail Gorbatschow, einer der mächtigsten Männer der Erde, findet sich hilflos in einem Hotelzimmer in Münster wieder, wartet auf Nachrichten über den Zustand seiner Frau Raissa, die an Leukämie erkrankt ist. »Wie kann man Krieg gegen das Schicksal führen?«, fragt er resignierend.

Ein Mann und eine Frau. Ein backsteinrotes Hotel, versteckt in einem kleinen Birkenwald im westfälischen Münster. Deutsche Bilderbuchlandschaft. Ein paar Minuten entfernt das Uni-Klinikum.

Hier ein Hotelzimmer, in dem ein Mann bangt, dort ein Krankenzimmer, in dem eine Frau um ihr Leben kämpft. Die Welt für diese beiden Menschen ist plötzlich ganz klein und still geworden.

»Der Zustand von Raissa ist leider sehr ernst«, wird Michail Gorbatschow gleich zu mir sagen. Es ist Freitagmittag. Die Sonne, vor zwei Tagen noch für Minuten vom Mondschatten verfinstert, arbeitet wieder zuverlässig wie eh und je, schenkt uns einen milden Sommer.

Ein Mann und eine Frau – ein eigener kleiner Kosmos inmitten einer Welt, die aufgeschreckt wurde durch einen einzigen Satz, mit dem Gorbatschow die schreckliche Nachricht verkündete: »Die Krankheit kam zu meiner Frau wie Schnee im Juli.«

Das klingt poetischer, aber auch dramatischer als der herkömmliche Satz: Die Krankheit kam aus heiterem Himmel. Auch wenn es diesmal buchstäblich so gewesen ist.

»Vor Monaten wurde meine Frau routinemäßig von Kopf bis Fuß untersucht, die Ärzte fanden damals nichts außer Kleinigkeiten«, sagt der Mann, den die Deutschen so gerne ›Gorbi‹ nennen. Er hält lange inne, als erlebte er noch einmal die Szene, da bei einer späteren Untersuchung dann das Wort Leukämie wie ein Fallbeil niedersauste.

»Kennt Ihre Frau diese Diagnose, weiß sie genau, wie es um sie steht?«

»Ja, Raissa ist darüber informiert, und es erfordert von ihr riesengroße Kräfte, um damit fertig zu werden.«

Ich zeige Michail Gorbatschow einen Zeitungsartikel: »Deutsche leiden mit den Gorbatschows – Blumen, Briefe, Postkarten ins Hotel« steht da in großen Lettern.

»Ich kenne diesen Bericht, eine Freundin hat diesen Text für Raissa sogar übersetzt.«

»Sind solche öffentlichen Bekundungen hilfreich, kann das Mitgefühl völlig anonymer Menschen wirklich Trost spenden in einer doch so total privaten Situation?«

»Nein, Trost ist das alles nicht« – Gorbatschow wägt die Worte –, »aber bei einer so schweren Krankheit braucht man auch immer den Willen und die seelische Stärke des Patienten. Und in diesem Sinn sind solche Genesungswünsche tatsächlich eine ungeheure Unterstützung.«

»Ein Leben an der Seite eines Mannes, der Weltgeschichte geschrieben hat – das bedeutet für seine Ehefrau Stress, auch Überforderung, vielleicht sogar auch gesundheitliche Gefährdung …?«

»Ich weiß es nicht. Für mich ist das alles ein dunkler Wald. Ich weiß nur: Als meine Frau von der Krankheit erfuhr, hat sie spontan reagiert und mich gefragt: Wie lange will man uns eigentlich noch prüfen, wir haben doch schon so viele Prüfungen im Leben bestehen müssen.«

Ich denke, während ich den Worten dieses Mannes zuhöre: Die Wege des Schicksals sind nicht vorhersehbar. Ich sitze hier neben einem Mann, der den Lauf der Geschichte veränderte wie kaum ein anderer, in dem kleinen Konferenzzimmer eines Mövenpick-Hotels. Ich spreche mit einem Mann, den ich erstmals vor Jahren in den prunkvollen und prächtigen Sälen im Kreml erlebte, als Bundespräsident Richard von Weizsäcker ihm 1987 beim Staatsbesuch gegenübertrat. »Ein sehr wichtiger Besuch damals«, wie Gorbi heute sagt.

Und der nun, fern allem Glanz der Macht, fast unscheinbar, mit einem Polohemd bekleidet, auf das tägliche Bulletin der Ärzte wartet. Und das alles geschieht in einer Stadt, deren Namen er vor Jahren vermutlich nie gehört hatte. Wie weit sind die Wege eines Menschen, wenn es das Schicksal will!

»Herr Präsident, was können Sie als Ehemann für Ihre Frau in diesen schweren Wochen tun?«

Gorbatschow antwortet mit nur sechs Worten, aber die kommen wie Hammerschläge: »Mit ihr zusammen sein, das ist alles.« Pause. »Wenn ich bei ihr bin, hat sie es leichter.« Pause. »Manchmal vielleicht auch schwieriger.« Pause. »Aber wir sind immer zusammen.«

»Kann es sein, dass Ihre Frau hin und wieder sogar Sie trösten muss?«

»Wissen Sie, nach einer so langen Zeit hängt einer von dem anderen ab, dass Sie mit Ihrer Bemerkung wahrscheinlich Recht haben.«

»Hadern Sie manchmal, weil ein solcher Schicksalsschlag eine so glückliche Ehe traf?«

Gorbatschow schaut mich an mit einem Blick, der nun aus fernsten Fernen zu kommen scheint: »Wie kann man Krieg gegen das Schicksal führen?«, sagt er, mehr zu sich selbst.

»Die augenblickliche Situation Ihrer Frau ...«

»... ist schwierig. Immerhin gibt es jetzt eine Verbesserung nach einer Komplikation, die die Behandlung zeitweilig bremste. Die Schmerzen waren zeitweise so, dass es Raissa schwer fiel, mit mir überhaupt zu reden. Aber gestern haben wir endlich einmal wieder miteinander gesprochen. Nicht viel, aber lange.«

»Glück ist die Abwesenheit von Schmerz«, sage ich, »eine Definition, der Sie zustimmen?«

»Das Glück existiert nicht wolkenlos, ist nicht immer idyllisch«, sagt Gorbatschow.

Wir philosophieren kurz über die Frage, ob das Glück nicht manchmal sogar als Unglück getarnt daherkommt, für uns Menschen nicht sofort erkennbar.

Aber dann ist die Gegenwart wieder ganz schnell da: »Solche Schmerzen, wie Raissa sie in diesen Tagen zu überwinden hatte, sind eine ganz schwere Bürde. Und alles geschieht vor meinen Augen – und ich bin machtlos.«

Worte eines Mannes, der einst einer der mächtigsten Menschen auf diesem Globus war. »Hilft Ihnen in diesen schweren Tagen auch der Glaube an Gott?«

»Wir sind gebildete Menschen«, sagt Gorbatschow und schließt bei dieser Antwort seine Frau mit ein. »Wir verstehen die Zusammenhänge des Lebens, nicht nur mit der Natur, auch mit dem Weltall …« Pause. »Ja, man hat Hoffnung: auf sich selbst, auf die Ärzte und auf Gott.«

»In dieser Reihenfolge?«, frage ich nach.

Gorbatschow: »Vielleicht sogar umgekehrt.«

»Eine letzte Frage, Herr Präsident: Friedrich der Große hat einmal gesagt, ein Augenblick des Glücks wiegt Jahrtausende des Nachruhms auf – ist das eine Erkenntnis, der Sie zustimmen könnten?«

»Das ist absolut richtig, auch wenn Friedrich der Große und ich zwei verschiedene Menschen sind.«

»Können Sie sich vorstellen, dass es nach der Gesundung Ihrer Frau, die wir Ihnen so sehr wünschen, einen Rückzug aus der Politik für Sie geben wird?«

»Nein, die Politik gehört zu meinem Leben.«

»Vom Ruhm des Sieges kann man wirklich nicht lange zehren«

Stefanie Graf, weltberühmt als Tenniskönigin, galt lange Zeit als emotionslos, ja sogar langweilig. Bis zu jenem Augenblick, als ihr Vater Peter Graf als Steuersünder in Fußfesseln vor Gericht erscheinen musste und die Tochter gegen den staatlichen Hochmut zu rebellieren begann.

Mein erster Gedanke, als ich sie da sitzen sehe, im Hotel »Alte Post« in Bad Neuenahr, in einem versteckten Raum, abgeschirmt von zudringlichen Blicken, denen Weltstars immer ausgesetzt sind, ist eigentlich für einen Journalisten unmöglich, und doch ist dieser Gedanke mir spontan gekommen: Am liebsten würde ich Steffi, die in sich zurückgezogen von einer inneren Einsamkeit umgeben ist, jetzt umarmen und ihr sagen, dass wir auf unser Gespräch verzichten können.

Noch ein Interview, noch ein Hintergrund-Gespräch, noch eine Pressekonferenz – was kann man da noch fragen? Was kann sie da noch sagen?

Sind nicht alle ihre Gedanken schon durch die Medien-Mühlen gedreht worden – und kann damit nicht irgendwann endlich einmal Schluss sein?

Ich möchte in unserem Gespräch nichts wissen von dem Star, der sie weltweit geworden ist, von der bewunderten Athletin. Ich will durch die Zerbrechlichkeit hindurch, die sie allen Siegen zum Trotz auch hat. Möchte mit ihr spazieren gehen in dem Land, wo sie nicht Steffi ist, die allen gehört, sondern Stefanie, die auch einmal für sich selbst sein möchte, und ein Stück mitfliegen in den Himmel ihrer Träume – der Centre Court kann doch nicht das alleinige Ziel ihres Glücks sein, oder doch?

Als ich sie zunächst frage, wie es Weihnachten zu Hause sein wird und ob sie dann mit ihrem Vater rechnen könne, da spüre ich die seelische Wunde, die ich mit dieser Frage berührte – und die noch längst nicht vernarbt ist.

»Ja«, sagt sie schließlich leise, »wenn mein Vater, der ja jetzt schon hin und wieder Freigänger ist, Glück hat, dann wird er bei uns sein.«

Das Wort »Freigänger« aus dem Mund dieser jungen Frau im Zusammenhang mit dem Mann, ohne den sie nie geworden wäre, was sie heute ist, der ihr schon mit vier Jahren den ersten Tennisschläger in die Hand drückte, der einst voller Vaterstolz verkündete, »Menschen wie Steffi werden nur sehr selten geboren« –, dieses befremdliche Wort »Freigänger« schmerzt wie ein Messerstich.

In Deutschland geschieht es, dass Mörder, weil Gerichte überlastet sind, frei herumlaufen; dass ein Kinderschänder, der Mädchen missbraucht hat, mit einer Bewährungsstrafe von zwei Jahren Haft davonkommt, obwohl der Täter in aller Offenheit bekannte, er hätte Angst vor sich selbst – »aber bei einem Steuervergehen wie bei Ihrem Vater ...«

Steffi senkt den Blick, sie möchte dieses Thema nicht vertiefen. Nein, sie habe ernsthaft niemals daran gedacht, Deutschland zu verlassen, auch nicht in jener Zeit, als ihr Vater in Fußfesseln vor Gericht erscheinen musste, was Millionen Menschen und die Medien gleichermaßen empörte, wie sie weiß.

Dass die Verurteilung ihres Vaters ihr öffentliches Erscheinungsbild verändert hat, das weiß sie auch. »Bis dahin galt ich als eher emotionslos, ja, ich wurde sogar als langweilig dargestellt. Inzwischen aber haben die Menschen gesehen, dass mehr in mir steckt, als sie gesehen haben ...«, sagt Steffi, um den Satz dann zu vollenden: »... oder ich ihnen bis dahin gezeigt hatte oder zeigen wollte. Aber als es um meinen Vater ging, konnte ich mich nicht mehr zurückhalten, und so haben mich die Leute plötzlich in einem neuen Licht gesehen.«

Selbstdiagnose, Spurensuche in der diffizilen Vater-Tochter-Beziehung – Steffi Graf macht es sich schwer.

Und auch den Glanz der Siege taucht sie nun in ein neues Licht. Jeder, der an einem Wettkampf teilnehmen will, nimmt harte Einschränkungen auf sich, und er tut es, wie es im ersten Korintherbrief heißt, für einen Siegeskranz, der schnell verwelkt. »Leiden Sie unter dieser Flüchtigkeit der Siege?«

»Je älter ich werde, umso mehr habe ich dieses Gefühl: Man fährt von einem Turnier zum nächsten.

Ich möchte nicht sagen, dass die Siege schnell verwelken, aber man konzentriert sich sofort auf das nächste Turnier. Ja, man kann wirklich nicht lange von diesem Siegesruhm zehren.«

Und dann ist da noch die Öffentlichkeit, die Presse, sage ich, und um sie ein bisschen aufzuheitern, zitiere ich ein Wort von Konrad Adenauer, der schon zwei Jahre tot war, als Steffi in Mannheim geboren wurde, was mir plötzlich zeigt, wie unglaublich jung sie noch ist: »Mit kleinen Jungen und Journalisten soll man vorsichtig sein: Die werfen immer noch einen Stein hinterher.«

Steffi lacht. Sie sieht die Steine förmlich fliegen. Sie hat es ja selbst erlebt. »Es ist wirklich ein heikles Thema für mich, das Sie da anschneiden. Die Presse ist etwas, womit ich offensichtlich meine Probleme habe. Wo ich mich auch dagegen sträube. Ja, es ist schon so: Die Liebe zwischen der Presse und mir hat es nie so recht gegeben.«

Nach den Erfahrungen vieler Prominenter ist Popularität, um die sie so oft beneidet werden, nichts anderes als eine Strafe, die wie eine Belohnung aussieht – »Empfinden Sie das auch so?«

»In Deutschland: ja. In Amerika ist die Situation ein bisschen besser. Die Amerikaner konzentrieren sich bei ihren Artikeln mehr auf den Sport.«

»Sie haben erstaunlich zarte Hände.«

»Dann schauen Sie bitte mal genau hin, dann werden Sie sehen, dass meine rechte Hand eine richtige Arbeiterhand ist«, wobei Steffi die Linke auf die Rechte hält und mir demonstriert: Die Arbeitshand ragt in Länge und Breite deutlich über die andere hinaus.

Als ich ihr zum Schluss noch einen Satz zeige, den Pete Sampras gerade in einem Interview von sich gab und der die Überschrift des Textes bildete: »Verlieren bedeutet Sterben«, wirkt Steffi nachdenklich, doch dann schüttelt sie den Kopf: Das ist bei Gott nicht die Tenniswelt, die ich meine.

Zwei Stunden später: Abendessen im Kurhaus. Blitzlichtgewitter. Autogrammjäger. Hingestreckte Mikrofone: »Wann treten Sie wieder an?« – »Was raten Ihnen Ihre Ärzte?«

Da geschieht für mich etwas Wundersames, ich erlebe ein Echo unseres Gesprächs. Steffi Graf zieht einen Zettel aus ihrer Tasche, den sie immer bei sich trägt. Mit kleiner Schrift hat sie notiert, was sie aus dem Weisheitsschatz der Menschheit für sich entdeckt hat. Der eine Satz lautet: »Wenn man das Dasein als Aufgabe betrachtet, dann vermag man es immer zu ertragen.« Und das andere Wort stammt von unserem Dichterfürsten Friedrich Schiller: »Das Übel, das uns trifft, ist selten so oder schlimmer als das, welches wir befürchten.«

Mir erscheinen diese beiden Worte wie eine entschlüsselte Botschaft ihrer Seele. Und geben diese Worte nicht ungewollt den Blick frei auf ein Leben, das seinen Preis für allen jungen Ruhm schon heute einfordert?

»Es bringt Glück, über den Sinn des Lebens nachzudenken«

Hubert Burda, Chef eines Verlags-Imperiums in München und Offenburg, verrät das Geheimnis seines Erfolges: »Ich vertraue den Menschen mehr, als dass ich ihnen misstraue.« Sein Lebensmotto heißt: Aufbruch. »Die Neugier darf nie erlahmen«, sagt er, da dürfe es keine Grenzen geben, nicht einmal vor dem Tod. »Ist nicht der Tod der größte Aufbruch?«, fragt er nachdenklich.

Wenn die Sekretärin mir nicht gesagt hätte, dass der Verleger Dr. Burda sofort nach meinem Gespräch zu einer Trauerfeier muss, ich hätte mich schon gewundert, ihn frühmorgens um acht Uhr im schwarzen Anzug in München vor seiner Villa zu sehen, als ich pünktlich auf die Minute erscheine – und er ebenso pünktlich vor die Tür trat.

Es wird ein schweres Gespräch, denke ich sofort, denn Hubert Burda hat nicht jene heitere Leichtigkeit um sich, die ich sonst von ihm gewohnt bin.

Zwar schenkt er mir sekundenschnell ein Lächeln, das wir kennen, wenn er bei den berühmten Burda-Festen am Eingang steht und seine Gäste begrüßt. Da ist er der Meister, der den Sekundenblick beherrscht, mit dem er zu verstehen gibt: Ich freue mich, Sie kennen zu lernen; ich freue mich, Sie wiederzusehen; ich danke Ihnen, dass Sie gekommen sind.

»Wir sind allein, meine Frau ist mit ›Ärzte ohne Grenzen‹ in Kalkutta«, sagte Dr. Burda. »Gemütlich haben Sie es hier«, sagte ich, nachdem ich mich kurz in der Villa umgeschaut habe, in der er glücklich ist. »Kleines Haus, kurze Wege, keine langen Gänge, ich bin froh, dass meine Kinder nicht in einem Palast aufwachsen.«

Wo anfangen bei diesem Mann, bei dem alles so komplex ist: Beim Verleger, beim Unternehmer, beim Kunstliebhaber, beim Visionär, der die digitale Revolution schon vor Jahren zu seiner Sache machte, als andere das Wort digital noch nicht mal buchstabieren konnten?

Oder bei seinem Elternhaus? Bei der starken Mutter, die die weltweit vertriebenen Burda-Moden schuf, die Frau, die ihre Freunde gerne »Aenne« rufen und die die Philosophie des Unternehmens in dem stolzen Satz zusammenfasste: »Burda-Mode, das bin ich.«

Oder bei dem starken Vater, dem Senator Dr. Franz Burda? Dem Selfmademan, der 1953 seine Chefredakteure zum Teufel jagte, als sie bei der »Bunten« die Krönung der englischen Königin verschlafen hatten?

Ich weiß nicht, wie es geschah, aber schon nach wenigen Minuten ist der Name Heraklit im Raum. Müsli, Marmelade in vier Schälchen, aufgeschnittene Radieschen, Kaffee und Tee – und dazu Heraklit, der griechische Philosoph, gestorben fünfhundert Jahre vor Christus.

Nicht Bill Gates, der den Computerfreak Hubert Burda begeistern müsste, wurde von ihm genannt, sondern dieser griechische Denker aus Ephesos, der das ewige Werden und Vergehen aller Dinge lehrte.

Es ist, als hätte mir Hubert Burda in dieser Minute einen Violinschlüssel in die Hand gedrückt, um mir zu sagen: Das ist die Melodie, die mich zutiefst bewegt. »Ich beziehe meine Kraft auch aus den Mythologien«, sagt er leise und eindringlich. Und plötzlich sind wir weit weg von dieser lärmenden Welt, die draußen mit einem kalten Wintertag vor dem Fenster steht.

»Das Leben hat keinen Sinn außer dem, den wir ihm geben«, sage ich – ein Zitat von Thornton Wilder.

Hubert Burda zögert mit der Antwort. Er ist keiner von denen, die bei existenziellen Fragen im Tempo heutiger Talkshows sofort eine Antwort parat haben. Er hat Kunstgeschichte und Philosophie studiert. Das macht demütig, wenn die großen Themen kommen.

Nein, dem könne er nicht zustimmen, sagt er dann. Die Frage nach dem Sinn des Lebens sei »eine ewig währende Frage«. Und dann prasseln seine Argumente auf mich nieder. »Da kommt vieles zusammen … das berühmte navigare necesse est … das Ausmisten des Augiasstalles … Dantes Inferno … die Lehren des Odysseus … das Eintauchen in den unermesslichen Quell der heiligen Schrift aller Religionen … Und bitte nicht zu vergessen: Altmeister Goethe mit seinen berühmten Versen: ›Solang du das nicht hast, dieses: Stirb und Werde! – Bist du ein trüber Gast auf dieser dunklen Erde.‹«

Und wieder gibt es diese Pause des Denkens, des Überdenkens, was er soeben gesagt hat. Und dann: »Über den Lebenssinn nachzudenken ist eine schwere Aufgabe, aber es bringt Glück.«

Hubert Burda sagt dann, mehr zu sich selbst als zu seinem Gast: »Mein Lebensmotto ist Aufbruch. Die Neugier darf nie erlahmen. Und ist schließlich nicht der Tod der größte Aufbruch?«

Ich spüre: Wir sind soeben durch das Tor gegangen, hinter dem sich die zweite Welt des Hubert Burda verbirgt, und das ist nicht die vordergründige Welt der berauschend inszenierten »Focus«-Feste, der glanzvollen »Bambi«-Gala-Nächte, in denen ein lächelnder Verleger das »Lächeln der Sieger« besingt.

Aber diese Welt der Gedanken zieht ihn nicht in die Tiefen der Melancholie. Sie ist vielmehr der Motor für den Erfolg, den er mit seinen über fünftausend Mitarbeitern auf der deutschen und internationalen Medien-Bühne erzielt hat.

»Sie feierten Ihren 60. Geburtstag. Ein Tag, der nach landläufiger Meinung ein Höhepunkt des Lebens ist. An dem man das Gewesene noch einmal bilanziert; ein Tag aber auch, zu dem gewiss noch der Sonnenaufgang gehört, an dem sich aber der Sonnenuntergang auch schon am Horizont abzeichnet. Was denken Sie über diesen 60. Geburtstag?«

»Nach allem, was wir soeben besprochen haben, kann ich nur sagen: Ich glaube, man sollte jede Stufe des Lebens akzeptieren. Aber ich sage auch: Leben ist ein permanentes Unterwegssein, und Stillstand kenne ich nicht.«

Dies ist der Augenblick, da sich zum ersten Mal in dieser frühmorgendlichen Stunde sein Gesicht entspannt und die Heiterkeit um ihn ist, die sich immer dann einstellt, wenn Denken und Fühlen sich miteinander verbinden.

»Ich habe gelesen, dass Sie als kleines Kind oft im Bett Ihrer Mutter kuscheln durften, das habe Ihnen ein ›Urvertrauen‹ gegeben, Sie hätten es da leichter gehabt als Ihre beiden älteren Brüder. Was meinten Sie mit Urvertrauen?«

»Ganz einfach: Ich vertraue den Menschen eher, als dass ich Ihnen misstraue. Für mich ist ein Glas Wasser halb voll. Mehr noch: Ich kenne kein halb leeres Glas. Und wenn manche Leute meinen, ich sei ein misstrauischer Typ, dann irren sie sich.«

Die Frage dürfte wohl sein, in welcher Stunde man diesen Mann, diesen Wanderer zwischen Innen- und Außenwelt, erlebt: in der Welt seiner weit greifenden Gedanken, die bis Heraklit zurückreichen, dem Philosophen, der predigte, dass kein Mensch zweimal in den selben Fluss steigen könne und der den Kampf für den Vater aller Dinge hielt.

Oder ob man Hubert Burda in den Momenten erlebt, da er zur Tat schreitet. »Nichts in der Welt ist stärker als die Idee, für die die Zeit gekommen ist. Sind Sie mit diesem Wort von Victor Hugo einverstanden?«, frage ich.

Die Antwort des Verlegers kommt pfeilschnell. »Ja, und ein Beweis ist ›Focus‹.« Als er zusammen mit Helmut Markwort dieses Nachrichtenmagazin mit seiner völlig neuartigen optischen Darstellung von Informationen auf die Rampe schob, fragten sich manche Zweifler, ob diese Rakete nicht vielleicht doch schon beim Start explodieren wird …

»Die Melodie der Zweifler war nie meine Melodie. Das Wichtigste, was für jeden gilt, der in den Medien arbeitet, darf niemals vergessen werden: Man muss immer die Hand am Puls der Zeit halten, und dieser Puls rast immer schneller. Fantastisch, wie die digitale Revolution unser aller Leben und unmerklich auch uns selbst verändern wird.« Hubert Burda zückt aus seiner Jackentasche ein Mini-Handy. »Dieses Ding ist ein Computer. Wenn ich hier auf Knopf zwei drücke, habe ich Maria am Apparat, die jetzt in Kalkutta ist …« Da wird plötzlich der Junge im Manne lebendig. Seine Augen leuchten. »Was glauben Sie, warum ich schon ein paar Hundert Mitarbeiter beschäftige, die in Richtung Online und Internet unterwegs sind?«

Ich fahre durch Münchens Straßen heimwärts, vorbei an seinem Verlag, der nur fünf Minuten von seinem Haus entfernt liegt. Im Radio die Rolling Stones. Ich blende sie aus. Ich bin nicht in dieser Stimmung. Es gab viel Nachdenklichkeit, die ausschwingen will.

Das schöne Wort von Martin Buber fällt mir ein: »Alles wirkliche Leben ist Begegnung.«

Dies war eine solche Stunde. Welcher Verleger spricht schon frühmorgens von Wandlung und davon, dass für denjenigen, der den SINN erlangt hat, kein Ding unmöglich ist, während für denjenigen, der den SINN verloren hat, nichts möglich ist?

Gewiss: Ohne materielle Erfolge geht nichts, das weiß er auch. Auflagensteigerungen sind für Chefredakteure und Verleger, was Beifall für den Künstler ist. »Das Geld, das wir verdienen, ist der Sprit, den wir brauchen, um neue Ideen zu verwirklichen«, hatte er mir zum Schluss gesagt, als wir noch kurz über den Journalismus sprachen, der für ihn »Literatur in Eile« ist.

Er hat die Sechzig überschritten, aber das will wenig bedeuten für einen Hubert Burda, der nicht nur Träume in sich trägt, sondern der auch den Willen und die Macht hat, sie zu verwirklichen. Ja, was kann eigentlich schöner sein im Leben eines Mannes als diese Freiheit?

»Mein Arzt sagte zu mir: ›In vier Wochen sind Sie tot‹«

Dr. Holm Schlemmer, Chefarzt im Klinikum Garmisch-Partenkirchen, war als junger Mann dem Tod geweiht. »Seit der Diagnose ›unheilbar‹ weiß ich um die Ängste und Sorgen der Patienten Bescheid.« Heute bringt der Hüft-Operateur sogar Hundertjährige wieder auf die Beine. »Wir zaubern nicht, auch wenn es oft so aussieht«, sagt er bescheiden.

Was treibt Ärzte an? Warum ergreifen sie diesen Beruf? Was ist die Faszination, wenn es ums Operieren geht? Wie verkraften sie ihren Alltag, umgeben von Krankheit, Schmerzen und Tod?

Ich überdenke meine Fragen, die ich gleich an einen Arzt stellen will, unter dessen Leitung über 20 000 Hüften operiert worden sind, während ich von München aus hinausfahre ins Werdenfelser Land.

Ein Bilderbuchtag. Vor mir die Waxensteine, die Zugspitze, über mir ein blitzblanker Föhnhimmel. Was hier in dieser urgesunden, göttlichen Landschaft ein Krankenhaus soll, weiß sicher allein der liebe Gott.

Dr. Holm Schlemmer, Arzt aus Leidenschaft – »seit Generationen gab es in meiner Familie nur Ärzte und

Apotheker«, Chirurg und Chefarzt im Klinikum Garmisch-Partenkirchen, wirkt so gesund, so nervenstark, wie man sich als Patient einen Arzt wünscht, dem man sich bis in die Narkose hinein blind anvertraut.

»Können Sie Gefühle und Ängste der Patienten verstehen, waren Sie selbst einmal ernsthaft krank?«

Holm Schlemmer zögert. Meine Frage zielt, unbewusst, in die Tiefen seines Herzens. Aber dann antwortet er doch. Mit leiser Stimme. Es war vor einem Vierteljahrhundert, als er schwer erkrankt von seinem behandelnden Arzt hören musste, er möge alles organisieren, »in vier Wochen sind Sie tot«.

Ein Befund wie ein Fallbeil. Die bösartige Krankheit hatte schon Metastasen gebildet. Holm Schlemmer kam mit dem Urteil zu seiner jungen Frau, die er erst zwei Jahre zuvor geheiratet hatte. Und der Kampf begann ...

Er gehörte damals zum Team des über Bayerns Grenzen hinaus bekannten »Hüft-Papstes« Dr. Fritz Lechner. »Mein Chef stellte mich ein Jahr lang von der Arbeit frei, ich ging nur hin und wieder in die Klinik, um unter Menschen zu sein, das tat gut, und ich wusste: Wenn ich geheilt werden sollte, war mir mein Arbeitsplatz sicher.«

Seine Erkrankung war so schwer, dass sie sogar in einem landesweiten Register verzeichnet wurde – von den vierhundert Todkranken haben nur zwei Patienten überlebt.

»Wer hat letztlich geholfen: Der berühmte Lechner, der liebe Gott oder Ihre junge Frau?«

»Ich glaube alle zusammen. Und deshalb werden Sie verstehen, dass ich seit jenen schrecklichen Monaten um die Gefühle, die Ängste und Sorgen der Patienten sehr wohl Bescheid weiß.«

»Bleiben wir bei den Patienten, die eine neue Hüfte brauchen – hat sich da in den letzten Jahren etwas im Verhältnis Arzt – Patient geändert?«

»Nein, der Unterschied ist nur, ob jemand nach einem Unfall oder nach einem schweren Sturz als Notfall zu uns kommt – und Stunden später mit einer implantierten künstlichen Hüfte aufwacht; da gibt es weniger Zufriedenheit mit dem Eingriff als bei jenen Patienten, die einen langen Leidensdruck hinter sich haben.«

Wer über Wochen und Monate, manchmal sogar Jahre bei jeder Bewegung gelitten hat, der fühlt sich nach überstandener Operation wie befreit – und er ist es auch: Die Schmerzen sind verschwunden.

»Früher mussten hüftkranke Menschen mit diesem Leiden leben, heute, in einer total mobilen Gesellschaft, reklamiert jeder für sich das Recht auf Beweglichkeit, selbst Achtzigjährige wollen noch auf die Berge klettern – und sie können es erfreulicherweise auch.«

»In England gibt es keine künstliche Hüfte auf Staatskosten, wenn man das 75. Lebensjahr überschritten hat.«

»Für mich als Arzt undenkbar. Ich hab erst kürzlich einer hundertjährigen Patientin ein künstliches Knie eingesetzt. Mit Erfolg. Und die Statistik unserer Klinik weist aus, dass wir in den letzten zwanzig Jahren immerhin vierzehn Patienten hatten, die hundert Jahre oder älter waren.«

Wir sprechen über den Alltag. Dass Dr. Schlemmer pro Tag zwei, drei Hüften einsetzt; dass ein solcher Eingriff fast Routine ist und knapp eine Stunde dauert und dass doch jede Operation neu ist, weil sich das Problem bei jedem Kranken anders stellt.

Es gibt auch eine Horror-Situation: Das ist eine Infektion in der Hüfte. Dann muss die Prothese wieder heraus, weil das Fremdmaterial oft eine Infektion verursacht, die Bakterien setzen sich gerne an den Plastikteilen fest.

Ich erinnere an ein Wort von Hippokrates: »Der wahre Arzt beugt sich ehrfurchtsvoll vor der Gottheit«, und frage nach Demut und ärztlicher Ethik.

»Wir können nicht zaubern«, sagt Holm Schlemmer, »auch wenn es manchmal so aussieht, weil Lahme plötzlich wieder laufen können. Und natürlich bin ich nichts ohne mein Team, das aus vier Oberärzten und zwölf Assistenten besteht.«

Deshalb war es auch ein völlig »sinnloses Angebot«, das ihn kürzlich aus Mallorca erreichte: Man wollte ihn für drei Tage im Monat auf die Sonneninsel locken. Er hätte dort sicher fürstlich verdient. »Aber ohne mein Team und ohne mein ›Ersatzteillager‹ an Prothesen, das allein einen Wert von über zwei Millionen Euro hat, könnte ich dort nichts werden. Das wäre nur ein Abenteuer und reine Geldschneiderei.«

»Geldschneiderei?« Ich lasse das Wort im Raum stehen. Holm Schlemmer überlegt kurz, ob er noch sagen soll, was er dann sagt: Dass nämlich die Prothetik zu einer »gnadenlosen Geschäftemacherei« verleitet.

»Da höre ich immer wieder von Patienten, dass sie etwas unterschreiben müssen, weil sie angeblich etwas Besonderes kriegen, was gar nicht stimmt. Da arbeiten Ärzte in die eigene Tasche. Das ist gar nicht so selten, wie man denkt. Und es betrifft nicht so sehr die junge Ärzte-Generation, es sind eher die Kollegen meiner Generation, die da hinlangen.«

Gegen Verführungen wie das Mallorca-Angebot gibt es für einen Klinikchef nur eins: Kurs halten. Und Nein zu sagen, wenn, wie einst geschehen, ein Milliardär kommt, der verlangt, dass für sein Personal und seine Sicherheitsbeamten gleich eine ganze Station frei geräumt werden soll.

»Was ist für Sie ein schöner Tag?«, ist meine letzte Frage.

»Wenn ein Patient schmerzfrei ist, die Krücken oder den Rollstuhl in die Ecke stellen kann und vor Freude am liebsten die ganze Welt umarmen möchte. Dann freue ich mich mit.«

Nach seiner eigenen Erfahrung mit der schweren Erkrankung vor 25 Jahren kann man das nicht nur verstehen, sondern – schöner noch – ihm das auch glauben. Wer einmal die Nähe des Todes spürte, liebt das Leben umso mehr.

»Ich versuchte, einem Soldaten zu helfen, dessen Stahlhelm glühte«

Hannelore Kohl, Frau des ehemaligen Bundeskanzlers, wurde schon als Kind mit den Schrecken des Krieges konfrontiert. »Das hat mich stark gemacht«, sagt sie und spricht freimütig über ihr ›neues Leben‹ nach der Wahlniederlage ihres Mannes und über den Regenbogen, den man nach einer Viertelstunde nicht mehr sieht.

Ein Wiedersehen mit Hannelore Kohl. Nicht im Bonner Kanzlerbungalow, wie vor Jahren, als um sie die Aura der Macht war – ihr Mann leitete nebenan im Kanzleramt gerade eine internationale Konferenz. Nein, diesmal treffe ich in Berlin eine Frau, deren Mann nach einer Kanzlerschaft, die endlos zu dauern schien, die Macht verloren hatte.

Da muss es Spuren geben. Da muss sich Enttäuschung breit gemacht haben. Eine solche Niederlage kann man doch nicht so einfach wegstecken.

Hannelore Kohl steht plötzlich vor mir. Auf die Sekunde zur verabredeten Zeit. Die Präzision all jener, die es hassen, jemanden warten zu lassen. Äußerlich hat sich nichts verändert. Sie wirkt so locker wie damals, vielleicht eine Spur gelassener.

Die Zeit, die umso kostbarer wird, je schneller die Uhr des Lebens läuft – sie will sie jetzt genießen. »Wenn man das mit 66 Jahren nicht hinkriegt, wann dann?«, fragt mich Hannelore Kohl, aber sie erwartet keine Antwort.

Der Sturz ihres Mannes – wie war das nach jenem Abend, als sie wusste, dass auch ihr Leben eine Wendung genommen hatte? »Ich habe geschlafen wie ein Fels, nach den Strapazen des Wahlkampfes kein Wunder. Schlafen stärkt meine Nerven!«

Am nächsten Morgen aber hat sie dann begonnen, in das neue Leben einzusteigen. Sofort. Das Geheimnis, Niederlagen zu überwinden, neuen Kurs aufzunehmen, keinesfalls liegen zu bleiben, sich auf eine Veränderung einzustellen – es ist in ihrer Kindheit verborgen.

»Ich hatte eine schwere Kindheit«, sagt Hannelore Kohl und will es dabei belassen. »Aber reicht das aus als Erklärung?«, frage ich. »Haben nicht viele Menschen eine schwere Kindheit hinter sich und finden doch nur schwer im Leben den richtigen Weg, wenn es einmal hart auf hart kommt?«

»Ich wurde nicht verhätschelt, vielleicht ist es das. Als ich 1939 in Leipzig in die Schule kam, begann gerade der Krieg. Da wurden wir Kinder so richtig durchgeschüttelt. Da heulten die Sirenen, da kamen die Luftangriffe. Da bildeten die Menschen Ketten, um mit Wassereimern Feuersbrünste zu löschen. Da wurden Frauen und Kinder aus den Flammen gezogen. Ich selbst versuchte, einem Soldaten zu helfen, dessen Stahlhelm glühte. Dieses Bild ... dieser Mann mit dem rötlich glühenden Stahlhelm ... ich werde es nicht los. Da hat man hingegriffen und nicht gefragt, ob es irgendwo Asbesthandschuhe gibt. Ich habe Tote mit Lungenriss gesehen. Wir waren umzingelt von brennendem Phosphor ...«

Hannelore Kohl hält plötzlich inne, als wollte sie ihren Worten hinterherlauschen. Soll sie mehr davon erzählen, oder ist es nicht so, dass heute niemand mehr hören will, was vor über einem halben Jahrhundert geschah, obwohl es doch ihr Leben prägte?

»Wissen Sie, das Ungewöhnliche war im Leben unserer Generation das Normale. Damit mussten wir immer und immer wieder fertig werden. Schon als Kinder hat man uns mit allen Gemeinheiten des Lebens konfrontiert. Das hat uns eine Patina gegeben, die niemand mehr abkratzen kann.«

Gleichwohl verhinderte diese Schutzschicht nicht, dass die Erinnerung wie ein böser Albtraum in ihr wieder auftauchte, als jetzt die Fernsehbilder der Bombenschläge auf dem Balkan zu sehen waren. »Ich konnte tagelang nicht schlafen, so sehr hat mich aufgewühlt, was da geschah. Und dann der Blick in die Gesichter der Flüchtlinge, der Vertriebenen, der Heimatlosen – grausam! Doppelt grausam, wenn man das alles selbst erlebt hat.«

Hannelore Kohl weiß nur zu gut, wovon sie spricht, denn sie hatte nach Kriegsende in einem

Treck über mehrere Monate die Flucht von Leipzig gen Westen erlebt, die ihre Familie schließlich in die Nähe von Ludwigshafen führte. Aus dieser Erfahrung glaubt sie: »Die Heilung der zerstörten Seelen in Jugoslawien wird sicher länger dauern als der physische Wiederaufbau des Landes.«

Nach der verlorenen Bundestagswahl: Was bereitet Hannelore Kohl heute Freude?

»Es gibt viel Dankbarkeit. Die Leute rufen mir zu: ›Grüßen Sie Helmut! Sagen Sie ihm, dass wir ihn vermissen. Dass wir erst jetzt wissen, was wir an ihm hatten.‹ Diese Dankbarkeit schlägt stärker durch als zu jenen Zeiten, da er Kanzler war. Dafür gibt es auch einen guten Grund: Weil die Menschen das, was gewesen ist, leichter begreifen und bewerten können als das, was gerade passiert. Das hat nichts mit Nostalgie zu tun, und Schwärmerei gibt es in der Politik ja sowieso nicht.«

»Aber erhebende, das Gefühl stark bewegende Momente, die verschenkt die Politik zuweilen schon.«

»Ja sicher. Wenn ich nur an die Nacht vom 2. zum 3. Oktober 1989 zurückdenke, als wir vor dem Reichstag standen und in einem festlichen Rahmen mit jubelnden Menschen die Wiedervereinigung gefeiert haben – das sind die Augenblicke, die nur durch die Politik möglich sind, bei denen dann das Herz vor Freude doppelt schnell schlägt.«

Und Schadenfreude, wie steht es damit? Hannelore Kohl überlegt lange. Sie wägt die Worte, bevor sie sagt: »Wir müssen doch sehen, dass sehr viele Menschen beim Urnengang im vergangenen Herbst keinerlei Vergleich hatten, schließlich war mein Mann schon sechzehn Jahre Kanzler, fast eine kleine Ewigkeit. Es gab diese gleich bleibende Sicherheit in der Politik, wie eine selbstverständliche Tonleiter, die gar nicht anders sein kann. Ist es da nicht nur zu verständlich, dass das Motto, mal etwas Neues zu wagen, funktionierte? Inzwischen haben die Menschen dieses Neue erlebt – und sie machen sich ein neues Bild von allem.«

Mehr sagt Hannelore Kohl nicht, mehr will sie nicht sagen, auch wenn sie in drei Jahrzehnten an der Seite des Ministerpräsidenten von Rheinland-Pfalz – sieben Jahre! –, des Bonner Oppositionsführers – auch sieben Jahre! – und des Bundeskanzlers – sechzehn Jahre! – in die tiefsten Tiefen und in die höchsten Höhen der Politik vorgestoßen ist.

»Der auslösende Faktor für meine hohe Bekanntheit bin schließlich nicht ich, sondern mein Mann«, stellt sie fest.

»Eine Bescheidenheit, die Sie ehrt.«

Flug Berlin – München, der Rückflug. Ich horche noch mal in das Tonband hinein, das unser Gespräch festgehalten hat. Ich spüre dabei plötzlich zweierlei: Den unbedingten Willen der Hannelore Kohl, den Kern ihres Lebens – den Mann, ihre beiden Söhne, die häuslichen Dinge – nicht einer Publicity zu öffnen, von der sie ohnehin nichts hält. Und andererseits doch das Bemühen, den Journalisten keinen

Korb zu geben, die sie um einen Termin bitten, »auch wenn ich jetzt nicht mehr so wichtig für viele bin wie in all den Bonner Jahren als Frau des Kanzlers«.

Am besten hat mir gefallen, was Hannelore Kohl auf meine Frage antwortete, die lautete: Welchen Beruf halten Sie, allgemein betrachtet, für den wichtigsten: den Arzt, den Geistlichen, den Politiker, den Wissenschaftler, den Lehrer? Und sie antwortete, ohne lange nachzudenken: »Den des Zuhörers.« Womit sie sicher meinte: Wir sollten alle, jeder an seinem Platz, die Gabe des Zuhörens schärfen und pflegen. Geredet und geschwafelt wird heute genug, in unserem »Kommunikationszeitalter« allemal.

Und ganz zum Schluss, ich war schon im Gehen, zitiere ich noch ein Wort von Goethe, das mir so gut gefällt: »Einen Regenbogen, der eine Viertelstunde steht, sieht man nicht mehr an.«

Und was sagte Hannelore Kohl darauf? Sie fing den Ball auf, sie lächelte und ließ dann die Politikerin in ihr doch noch zum Vorschein kommen: »Finden Sie nicht auch: Dieses Zitat passt sehr wohl auch zur 16-jährigen Kanzlerschaft meines Mannes. Da sah man am Schluss den Regenbogen auch nicht mehr an.«

»Die ständige Jagd nach Geld verletzt nur eines: die Seele«

Udo Jürgens, der Sänger, dem seit Jahrzehnten die Herzen zufliegen, Komponist von über sechshundert Liedern, wusste immer mit seinem Erfolg umzugehen, der ihn ein Leben lang nicht verändert hat: »Prominent zu sein, erfordert einen höchst sensiblen Umgang mit sich selbst.«

Ein Dialog, den ich nie vergessen habe, obwohl er weit über zwanzig Jahre zurückliegt. Festliche Gala in der Deutschen Oper in Berlin zu Gunsten der vom Verfall bedrohten Kaiser-Wilhelm-Gedächtniskirche. Superstars auf der Bühne. Auch Udo Jürgens mit einem Lied. Danach Mitternachtsempfang für die Künstler. Ich frage Udo: »Haben Sie morgen Früh Zeit für ein Gespräch?« – »Das geht leider nicht, ich muss sofort zurück ins Studio nach Los Angeles.« – »Ich denke, Sie sind heute Mittag erst hier angekommen.« – »Das stimmt.« – »Dann sind Sie nur für diesen einen Auftritt fast dreißig Stunden in der Luft gewesen?« – »Ja, so ist es. Ich hatte vor einigen Monaten zugesagt, bei dieser Gala mitzumachen, da wusste ich noch nicht, dass ich zu Plattenaufnahmen in Amerika sein werde.«

– »Das wäre doch ein guter Grund gewesen, abzusagen.« – »Da kennen Sie mich nicht. Wenn ich etwas verspreche, dann halte ich es auch.«

So zuverlässig, so präzise, so eigentlich »unkünstlerisch« war er damals am 12. Februar 1981 – und so präzise ist er auch heute: Wie hingezaubert steht er auf die Minute, nein, auf die Sekunde vor mir zum verabredeten Zeitpunkt.

Er kommt gerade aus dem Süden, die Tage im eigenen Haus an Portugals Küsten »haben mich unglaublich nach vorne geschmissen, eine Einsamkeit und eine Normalität, die mir Kraft gibt. Kein Champagner, keine Bussi-Bussi-Gesellschaft – nein, ein fangfrischer Fisch, ein einfacher Wein und eine wunderbare Ruhe genügen mir.«

Udo, der Lebenskünstler! Der Wanderer zwischen den Welten einer Fantasie, die keine Grenzen kennt – und einem Star-Leben mit der Stoppuhr im Kopf, die seine Termine steuert, wie jetzt in Berlin: Vorbereitungen einer großen Tournee, Verhandlungen, »bei Maischberger bin ich auch«.

Und nun sitzt er vor mir, und ich denke: Armer Udo, nun komme ich auch noch mit meinen Fragen daher, als ob er in zehntausend Interviews nicht schon alles gesagt hätte seit seinem Höhenflug in den internationalen Show-Himmel 1966 mit »Merci Cherie« beim »Grand Prix Eurovision de la Chanson«.

Er wirkt so munter, so gesund, so tatendurstig, und ich entdecke kaum die Spuren eines verschwenderischen Lebens – er komponierte allein über sechshundert Lieder –, dass ich mich plötzlich frage: Was ist das Geheimnis, mit dem dieser Udo Jürgens sein Leben so gut in den Griff bekam, dass man denken könnte, es sei nichts anderes als eine einzige Party.

»Ihr wunderbares, von Erfolgen geprägtes und verwöhntes Leben – ist das nicht ein Geschenk Gottes?« Ich stelle diesen Satz vor ihn hin wie ein Plakat.

Udo Jürgens schaut aus dem Fenster des »Adlon« auf das Brandenburger Tor, ich ahnte nicht, mit dieser Frage sofort die empfindlichste Stelle in seinem Denkgebäude getroffen zu haben.

»Um ganz ehrlich zu sein, ich habe Zweifel, ob es wirklich eine göttliche Fügung gibt, die alle Dinge auf der Erde regelt. Wenn das Schicksal zuschlägt, wie bei Kriegen, bei Überschwemmungen, trifft es doch meistens die Ärmsten der Armen.«

Kurze Pause. Nachdenken. »Wir werden zwar in dem religiösen Glauben erzogen, dass wir alle in Gottes Hand sind und dadurch eine gewisse Führung und einen Schutz genießen, aber leider ist das Leben mir den Beweis dafür schuldig geblieben.«

»Könnte es nicht genau umgekehrt sein: dass der liebe Gott Sie gesegnet und mit Glück überschüttet hat?«

»Ob das der liebe Gott war, das ist für mich die Frage – vielleicht war es nur die Darwin'sche Evolutions-Theorie. Aber ich gestehe: Ich befinde mich, was diese existenziellen Fragen angeht, noch in einem Denkprozess – und der ist auch noch nicht abgeschlossen.«

Eines seiner erfolgreichsten Lieder heißt: »Mit 66 Jahren, da fängt das Leben an« –, er selbst zählt schon siebzig Jahre – Angst vor dem Alter, den Gebrechen – gar dem Tod?

»Man muss sich eingestehen, dass man schon mal morgens mit steifen Knochen aufwacht, das Zipperlein kommt, die Potenz nachlässt, aber ebenso sage ich Ihnen: Ich verachte den Jugendwahn, den es heute gibt, diese Attitüde angehender Greise, die sagen: Schaut her, was für ein toller Hecht ich bin! Das Entscheidende ist für mich: Das Leben ist in jeder Phase immer auch ein neuer Lernprozess.«

»Altwerden als schlimme Erfahrung?«

»Überhaupt nicht. Ich glaube, man entwickelt die Fähigkeit, das jeweils verbleibende Kräftepotenzial umso klüger zu nutzen. Darum spreche ich auch gerne mit älteren Menschen, weil sie von dem erzählen können, was noch vor mir liegt.«

»Prominenz umhüllt Sie wie ein warmer Mantel.«

»Irrtum, totaler Irrtum. Prominenz ist ein verdammt kalter Partner. Wie Marilyn Monroe sagte: Nichts, woran man sich in einer kalten Nacht wärmen kann. Natürlich brauchen wir Künstler, wie eigentlich alle Menschen, die Begegnung, und ich brauche Fans, die in meine Konzerte strömen. Das Problem mit der Prominenz beginnt aber erst in dem Augenblick, da jemand sich selbst als prominent empfindet.«

»Nach dem Motto: Sie wissen wohl nicht, mit wem Sie es zu tun haben.«

»Genau. Prominenz, der VIP-Status, erfordert einen höchst sensiblen Umgang mit sich selbst.«

»Aber dann gibt es in Ihrem Leben ja noch das viele schöne Geld, die Tantiemen fließen und fließen ...«

»Ob ich reich bin, ist Ansichtssache. Wohlhabend schon. Aber das ist nicht der Punkt. Reichtum bedeutet nach meiner Beobachtung, viel von dem zu haben, was man in Wahrheit gar nicht braucht. Die ständige Jagd nach Geld verletzt nur eines – die Seele.«

»Der Erfolg hat Sie also im Kern nicht verändert – glauben Sie das ernsthaft?«

»Ich habe glücklicherweise schon in sehr jungen Jahren eines begriffen: Auf dem Weg nach oben trifft man viele Menschen – und wenn es bergab geht, sieht man sich noch einmal wieder. Ich kann sagen: Ich bin trotz meiner Erfolge nie überheblich geworden.«

»Können Sie sich vorstellen, eines Tages aufzuhören, einfach so?«

»Auf jeden Fall. Wenn mir keine neuen Lieder mehr einfallen, die Kreativität nachlässt, dann ja. Aber zurzeit ist das für mich kein Thema. Und ich bin mir sicher, dass das Loslassenkönnen, das so wichtig ist wie das Beginnen, mir umso leichter fallen wird, je älter ich dann bin.«

Unser Interview hat sich längst in ein Gespräch verwandelt. Ich notiere Sätze von Udo wie diese: »Mir tun die jungen Sänger Leid, die nur schwer eine Chance haben, gehört zu werden, weil sie in den Medien übertönt werden von den Naddels und Daddels.« – »Wer im Show-Business glaubt, ohne zerkratzte Knie und kaputte Hände den Gipfel erklimmen zu können, der irrt sich.« – »Ich hatte Probleme damit, meinen Kindern Hitler und Goebbels zu erklären, bis ich Haffners Buch ›Anmerkungen zu Adolf Hitler‹ gelesen hatte.« – »Bei meinen Konzerten geht es zu wie im Rockkonzert, und zugleich gibt es doch auch eine tiefere Atmosphäre.« – »Ich komme aus einem so genannten guten Hause, habe alles falsch gemacht, heute muss man hinter einem Mülleimer geboren werden, eine Vergangenheit haben, dann tut man sich in den Medien leichter.«

»Eine Frage zum Schluss, Herr Jürgens. Hat Richard Strauss eigentlich Recht, der einmal sagte, ein richtiger Musiker muss auch eine Speisekarte komponieren können?«

»Ein Telefonbuch! Ich sage Ihnen: Er muss auch ein Telefonbuch in Töne setzen können. Ich schnappe mir manchmal eine Meldung aus den Nachrichten des Tages und vertone sie, nur so zur Übung. Das Lied ›Heute schon gelebt?‹ ist so entstanden, diese Zeile war die Überschrift in einer Zeitung. Die Frage alarmierte mich. Dann setze ich mich ans Klavier und fange an.«

»Aktuelle Themen mögen Sie besonders?«

»Es gibt Lieder, die sind durch nichts aufzuhalten, nicht durch eine schlechte Presse, nicht durch Klatschgeschichten über uneheliche Kinder, durch nichts.«

»Beispiele?«

»Als gerade die Diskussion über Mietwucher in Deutschland lief, erschien zufällig mein Lied ›Das ehrenwerte Haus‹, das dann gleichsam durch die politische Diskussion nach oben getragen wurde.«

Ich hatte auf dem Flug nach Berlin gelesen, dass Luciano Pavarotti Briefe bekommt, mit denen sich Menschen bei ihm bedanken, weil er mit seiner Stimme Krankheiten geheilt und Menschen sogar aus dem Koma geholt hat.

»Wenn Sie sich an das Klavier setzen …«, sage ich, und Udo fährt fort: »… dann verändern sich die Menschen um mich herum. Das ist der ›magic touch‹. Musik ist emotional, und der Versuch, Musik nicht mehr emotional erlebbar zu machen, ist zum Scheitern verurteilt.«

»Wir vergessen zu oft: Das Leben ist in sich selbst eine Kostbarkeit«

John Jahr, Spross einer bedeutenden Verleger-Familie in Hamburg, hat gleich nach dem Kriegsende 1945 als junger Mann beim Verkauf von Schnittmustern in Chicago im freiheitlichen Amerika etwas Wichtiges für sein Leben im durchorganisierten Deutschland gelernt: »Man muss alles etwas lockerer sehen.«

Ibiza im Sommer. Die Insel der Verführung. Am neuen Yachthafen liegen die schnittigen Boote der so genannten Reichen und Schönen. Der Hamburger Verleger John Jahr sieht mich im Café Sydney. »Haben Sie Lust auf eine Spritztour nach Formentera?« Wir düsen los. Der Verleger als Kapitän. Das Boot schneidet die Wellen des kristallklaren Wassers.

In einer verträumten Bucht Mittagspause. »Was halten Sie vom Euro?« Ich sage Skeptisches. Da geht auf mich ein rhetorisches Donnerwetter nieder: Wie ich so denken, so zweifeln könne, der Euro sei notwendig, Europa brauche den Zusammenhalt, die Erfahrung des Krieges …

Ich bin verblüfft. Kein Small Talk über drohenden Wassermangel, über den Unterschied zu Mallorca – »da liegen Welten dazwischen, man muss nur die stillen Plätze von Ibiza kennen« –, sondern ein Plädoyer für den Euro und Zorniges über die politische Kaste.

Mein Wunsch, diesen ungewöhnlichen Menschen näher kennen zu lernen, der sich in Badehose in einem Stück Paradies auf Erden ausgerechnet über den Euro ereifert, trieb mich sofort zu der Frage: »Kann ich Sie in Hamburg einmal besuchen?« »Kommen Sie nur, wann immer Sie wollen.«

Wochen später bin ich bei ihm. In seinem geräumigen Garten, der einem Park gleicht, warten Tee und Kuchen. Und der Hausherr, diesmal nicht in Badehose, ist doch locker gekleidet, locker ist überhaupt die Vokabel, die ich noch öfter hören werde.

Die Frage, die mir als Erstes durch den Kopf schießt, lautet ganz einfach: Was eigentlich gibt das Schicksal in einen Menschen hinein, der einer so berühmten Familie entstammt, der einen großen Namen trägt, und was fordert das Schicksal von einem solchen Menschen zurück? Die Frage also: Gibt es den Glanz des Reichtums und die Faszination der Macht, ohne dafür zahlen zu müssen, welchen Preis auch immer?

John Jahr lächelt, als hätte er meinen Gedanken erraten. »Ich vermute, Sie wollen ein Schlüsselerlebnis hören, mit dem sich alles erklären lässt, nicht wahr? Das wollt ihr Journalisten doch immer.« Und plötzlich, als taucht die Erinnerung wie ein Schatten in ihm auf, spricht er fast gedankenverloren von sich selbst, von dem elfjährigen Schüler in Berlin, der jeden Tag mit dem Zug von Brieselang zum Gymnasium in die Stadt fahren musste, bei Fliegeralarm und Bomben.

»Diese Züge der Reichsbahn, mit Flakabwehr ausgerüstet, waren oft Ziel von Jagdfliegern, die wie wild auf die Waggons schossen. Und in diesen Waggons saßen wir. Einige Schüler kamen bei solchen Angriffen heraus, andere kamen nicht heraus. Da sah ich dann Mitschüler, die getroffen waren, bis zur Unkenntlichkeit verbrannt – ein Bild, das ich nie vergessen kann.«

John Jahr sagt, »diese Dinge« seien öfter passiert, »damit sind wir damals aufgewachsen« – mehr sagt er nicht. Und er weiß seither eines mit absoluter Sicherheit: Das Leben ist in sich selbst eine Kostbarkeit.

Es gibt ein zweites Erlebnis, das geholfen hat, die innere Balance zu halten: Amerika! Zu einer Zeit, als wir Kinder des Wirtschaftswunders noch staunten, wenn jemand über den Großen Teich flog, als Glenn-Miller- und Benny-Goodman-Melodien uns zum Träumen von Ferne und Freiheit brachten, war der junge John schon drüben.

»Damals war ich zuerst in Chicago als Vertreter für Schnittmuster unterwegs, im Auftrag eines russischen Emigranten. Da lernt man, auf dem Boden der Tatsachen zu bleiben. Und dann kam New York, Ausbildung bei ›Time‹ und ›Life‹, das waren nun wirklich die besten Adressen. Und was habe ich von drüben mitgenommen? Die Erkenntnis und die Erfahrung: Man muss alles etwas lockerer sehen.«

Jetzt blitzen seine Augen, als wollte er sagen: Mein Freund, das ist schon das ganze Geheimnis meines Lebens, viel mehr gibt es nicht.

»Als beispielsweise das Desaster mit den Hitler-Tagebüchern im ›Stern‹ passierte, als alle die Köpfe hängen ließen, als die große Depression über Verlag und Redaktion hereinbrach, da bin ich zu meinen Freunden bei ›Time‹ und ›Life‹ rübergeflogen, habe mit denen gesprochen, mir Rat geholt. Und was sagten mir die Amerikaner? Keep it cool, nimm alles lockerer, wir sind auch mal auf gefälschte Mussolini-Texte hereingefallen. Sieh es bitte so: In ein paar Wochen ist die Aufregung vergessen.«

»Herr Jahr, darf ich eine Frage stellen, die zumindest frech klingt?«

»Nur zu.«

»Sind Sie eigentlich ein Verleger? In den Berichten der Wirtschaftspresse oder auch aus der Welt der High Society werden Sie hin und wieder als Verleger erwähnt – was denken Sie dann?«

»Dass ich kein Verleger bin. Jedenfalls nicht in dem Sinne, wie es mein Vater war, der aus dem Kaufmännischen kam, oder Axel Springer, der ein journalistischer Verleger war und ein politischer Verleger obendrein. Ich kenne niemanden, der so an die Wiedervereinigung glaubte und für sie kämpfte wie er; seine Sensibilität, verbunden mit einer Härte in der Sache, war schon unglaublich.«

»Man muss seine Grenzen kennen.« John Jahr gehört nicht zu jenen Managern in den Führungsetagen der Macht und der Herrlichkeit, die das große Palaver lieben, die gerne sagen, »man müsse mal eine neue Strategie entwickeln« oder gar »man müsse Visionen haben«. Und dass wir Deutschen dazu neigen, vieles zu zerreden, ist für ihn sowieso eine ausgemachte Sache.

»Lassen Sie uns über die Medien sprechen, die Sie ja aus jahrzehntelanger Arbeit an der vordersten Front eines großen Verlagshauses so gut kennen und die unser Leben verändern werden ...«

»... ob zum Besseren, werden wir erleben. Ich sehe die Kluft zwischen dem, was den Menschen vorgeführt und auch vorgegaukelt wird, und dem, was sie wirklich erleben, diese Kluft wird immer größer.«

»Sie können für 500 Euro nach Miami fliegen und in Floridas Sonne eintauchen, aber stürmen dann doch in den Ferien an der Ostsee bei Regen gegen den Wind, ist es das?«

»Ja, so ungefähr. Oder Sie bestellen Spaghetti und eine Flasche Bordeaux über Internet, aber der Bote bringt dann leider das bestellte Essen doch nicht.«

»Prinz Philipp hat einmal gesagt, er hätte Schwierigkeiten mit Politikern, weil Politiker vorgeben, zu wissen, was anderen Menschen gut tut und was für sie richtig ist ...«

»Diese Schwierigkeit habe ich zuweilen auch, aber es gibt eben auch Politiker, die ich bewundere.« – »Namen?«

»Ronald Reagan, Margaret Thatcher, Jacques Chirac, auch Willy Brandt, dann natürlich hier in Hamburg Helmut Schmidt seit jener Sturmflutnacht, in der er das Rettungskommando übernahm, und – bei allem, was sonst passiert ist – Helmut Kohl mit seinem Einsatz für Europa.«

»Womit wir wieder beim Euro sind, von dem Sie zu meiner Verblüffung unter der spanischen Sonne so euphorisch sprachen ...«

»... und der sich auch wieder nach oben bewegen wird, da können Sie sicher sein.«

Rückflug nach München. Die Stewardess bietet den »Stern« zur Lektüre an. Oder »Gala«. Zwei von rund hundert Zeitschriftentiteln, die bei Gruner+Jahr weltweit erscheinen. Und immer wird John Jahr dann auf seinen Namen stoßen. Da gehört schon sehr viel Charakter dazu, »auf dem Teppich zu bleiben«, wie er sagt, und ganz locker zu bleiben, wie er es beim »Von-Tür-zu-Tür-Verkauf« von Schnittmustern in Chicago von Amerikanern gelernt hat.

Natürlich haben wir auch die schwere Krankheit gestreift, die ihn vor Jahren niederzuzwingen drohte. »Wir brauchten uns die Röntgenbilder gar nicht mehr anzuschauen, so schlimm sah alles aus«, berichtet seine Frau Heike, die in den letzten Minuten des Gesprächs dazustieß und über die ihr Mann zuvor den schönen Satz gesagt hatte: »Das Glück meines Lebens und die innere Ruhe, in der ich lebe, verdanke ich ihr, ihr ganz allein.«

»So schönes Wetter – und ich bin mit neunzig Jahren noch dabei«

Aenne Burda, die große alte Dame der Verleger-Dynastien, die mit Burda-Moden die erfolgreichste Modezeitschrift der Welt schuf, gab an ihrem Geburtstag eine Erfahrung preis, die zugleich das Geheimnis ihrer Vitalität enthüllt: »Man ist in jeder Stufe des Lebens immer wieder ein Lernender.«

Wie nähert man sich einer Frau, die neunzig Jahre alt wird? Neunzig Jahre! Die einen großen Namen trägt. Die schon alles erzählt hat über die großen Erfolge, die sie als Verlegerin in ihrem langen Leben gehabt hat. Und die ich nun bitten werde, über ganz anderes zu sprechen: über das Älterwerden, über die Schmerzen, die das Alter mit sich bringt – Schmerzen, die nichts mit dem Körperlichen zu tun haben, sondern mit der Seele.

Aber wer lässt sich in einem Gespräch für die Öffentlichkeit, auch mit neunzig, schon gerne in die Seele blicken? Vielleicht hat Aenne Burda deshalb lange gezögert, ehe sie zurückrief. »Was kann ich Ihnen denn noch sagen, was nicht in hundert Artikeln über mich schon geschrieben wurde?«

»Wir werden sehen«, sagte ich nur und fuhr nach Anif, einem verwunschenen Platz vor den Toren Salzburgs, in ihr Haus, das in der Dr. Franz Burda-Straße liegt. Welche Frau wohnt schon in einer Straße, die den Namen ihres Mannes trägt?

Insgeheim fragte ich mich schon, als ich die Zusage hatte: Neunzig Jahre, was bedeutet das? Ich blätterte noch mal in dem Buch der Simone de Beauvoir, in dem sie über das Alter geschrieben und philosophiert hat. In dem Zitate stehen von bejahrten Dichtern, die die Dürre ihres Lebens beklagen. Zitate wie diese: »Je älter man wird, umso mehr nimmt sich alles wie Erinnerung aus, auch die Gegenwart sieht sich selbst schon als vergangen an.« Oder von Andersen, dem Märchenerzähler: »Gehe ich in den Garten zu den Rosen, was haben sie mir noch zu sagen, was sie mir nicht schon gesagt hätten.« Da war der Dichter erst 69 Jahre alt.
Und nun erst neunzig! Wie schaut es da aus, im Herzen, in der Seele? Blickt der Mensch mehr zurück auf die Strecke, die er auf diesem Planeten zurückgelegt hat, oder hebt er den Blick nach oben zu den Wolken, den Sternen und öffnet sich dem Mysterium des Lebens und verweigert sich auch nicht den letzten Fragen? Neunzig, ist das nicht wie eine Gipfelbesteigung?
»Frau Burda, beginnen wir mit einer ganz leichten Frage: Hatten Sie Angst vor dem Jahr 2000?«
»Ich werde Ihnen etwas verraten: Ich wollte 2000 immer erleben. Immer. Immer. Immer. Es war ein un-

bewusstes Ziel von mir, dabei zu sein, wenn das neue Jahrtausend durch die Tür kommt. Ich war mir nur damals nie darüber im Klaren, wie alt ich dann sein werde. Darüber hatte ich nie nachgedacht.«

Und dann, Aenne Burda senkt die Stimme: »... und nun habe ich Angst. Nicht nur, dass die Computer abstürzen, damit hab ich ja nichts zu tun. Aber dass mehr abstürzt als nur Computer. Ich habe Angst, dass vieles abstürzt ...«

»Diese pessimistische Sicht passt gar nicht zu Ihnen, die Sie als Optimistin gelten.«

»Hören Sie auf, lieber Freund. Das ist ja das Geheimnisvolle am Leben, dass wir uns in jeder Lebensstufe neu orientieren müssen, dass wir praktisch immer wieder von vorne anfangen. Wenn Sie neunzig Jahre alt werden wie ich, dann gilt vieles nicht mehr, was mit vierzig, sechzig oder auch mit achtzig noch galt.«

»Man wird immer wieder zum Schüler, verstehe ich das richtig?«

»Genau. Und das Leben kommt in immer neue Schattierungen, da mag die Sonne gleich bleibend am Himmel stehen.«

»Tröstungen? Gibt es Tröstungen für das Alter?«

»Es geht gegen meine Empfindungen, aber ich weiß aus vielen Gesprächen, dass es so ist: Vielen Menschen gibt die Religion Halt und seelische Sicherheit.«

»Aenne Burda, was bedeutet Ihnen Ihre Heimatstadt Offenburg?«

»Ich kann Ihnen gar nicht sagen, wie sehr es mich zurücktreibt. Es schnürt mir das Herz, wenn ich an meine Heimat denke.«

»Gehört das Heimatgefühl zu den Tröstungen?«

»Aber ja! Sie müssen zurück zu den Wurzeln, wenn sich das Leben neigt, sonst sind Sie verloren.«

»›Seltsam im Nebel zu wandern, Leben ist Einsamsein, keiner kennt den anderen, jeder ist allein.‹ Treffen diese Zeilen von Hermann Hesse Ihre Stimmung?«

»Hören Sie: Da haben Sie, ohne es zu wissen, mein Lieblingsgedicht zitiert. Absolut. So ist es. Aber das hat nichts mit dem Alter zu tun. Das war immer so. Und wenn Sie die Menschen fragen und diese Menschen in sich hineinhorchen und ehrlich antworten, dann werden sie alle sagen: Ja, so ist es. Leben ist in den tiefsten Tiefen Einsamsein.«

»Dann wird Ihnen wohl auch gefallen, was Hermann Hesse noch sagte: Dass nämlich der alte Mensch der Menschen nicht mehr bedarf. Er hat ihrer genügend gesehen. Was er jetzt braucht, sei die Stille …«

Aenne Burda fährt mir sofort in die Parade, und ihre Augen funkeln: »Da irrt Hesse! Da irrt der Meister nun wirklich total. Was alte Menschen brauchen, was sie sogar unbedingt brauchen, sind Menschen. Viele Menschen. Viele Kontakte. Der Mensch braucht des Lebens ganze Fülle. Und natürlich ist es am schönsten, wenn er auch noch im hohen Alter den einen Menschen hat.«

Aenne Burda verlor ihren Mann, den Senator Dr. Franz Burda, den Vater ihrer drei Söhne, vor über fünfzehn Jahren in Offenburg. Sie hat sich aus dem Verlag zurückgezogen, der ihr Leben war, auch aus der Mode-Szene, die sie mit ihren Journalen über Jahrzehnte hinweg beeinflusste wie keine andere Frau in Deutschland nach dem Kriege.

»Wie gefällt Ihnen denn, was uns heute die Modeschöpfer ...«

»Pah«, unterbricht mich Aenne Burda, »hören Sie auf! Was uns da heute präsentiert wird, hat doch mit Mode nichts, aber auch gar nichts zu tun. Das ist Show. Was da gezeigt wird, können die Frauen nicht tragen. Nicht mal am Abend. Vielleicht die Girls mit ihren gepiercten Nabeln, aber sonst ...«

Und dann, leiser, auch versöhnlicher: »Aber das ist der Wogengang der Mode. Damals nach dem Krieg, als ich meine Blätter brachte, war alles so bescheiden. Auch die Frauen waren bescheiden. Und plötzlich gab es dann diesen Quantensprung, in allen Lebensbereichen.«

»Vor siebzig Jahren flog das erste Passagierflugzeug über den Atlantik, inzwischen waren wir Menschen auf dem Mond.«

»Richtig, und warum soll es bei der Mode anders sein? Mode ist Mode, wenn sie etwas diktiert. Mode ist Diktat. Aber da es eine von oben diktierte Mode nicht mehr gibt, weil jeder trägt, was er will, gibt es im Sinn alter Definitionen heute keine Mode mehr.«

»War Ihnen der Sinn für Mode in die Wiege gelegt?« Aenne Burda erinnert sich, dass ihr als Vierjährige eine Schleife ins Haar gebunden wurde, die aber – wie sie sofort sah – farblich nicht zu ihrem Kleid passte. »Da habe ich zum Entsetzen meiner Mutter die Schleife aus dem Haar gerissen und ihr vor die Füße geworfen, aus Protest.«

»Sie haben so viele Menschen kennen gelernt, die berühmt oder zumindest doch prominent waren – wer von all diesen Stars hat Sie am meisten beeindruckt?«
»Da sind wir im Reich der Musik. Wenn ich nur einen Menschen nennen soll, dann ist es Karajan. Ich habe ihn hier in Salzburg erlebt. Er fand seine letzte Ruhestätte ein paar hundert Meter von hier. Ich gehe oft an sein Grab, zünde dort Weihnachten Kerzen an. Ja, Karajan war der einzige Mensch auf der Welt, dem ich am liebsten meine Hände unter seine Füße gelegt hätte.«
»Kommen wir zum Ende und sprechen wir über das Ende des Lebens. Ist da Angst?«
»Vor dem Sterben wohl, wenn es nicht gnädig ist – aber nicht vor dem Tod. Ich glaube, dass etwas von uns bleibt, was auch immer das sein mag. Der eine nennt es die Seele ...«
»Sind das Gedanken, die Ihnen erst im Alter kamen?«
»Nein, das dachte ich schon in meiner Jugend. Ich kann mir nicht vorstellen, dass man geht und dass dann gar nichts mehr ist.«

Und nun spricht sie, ohne dass ich sie frage, und mehr in Gedanken versunken, die zu schweben scheinen, über die Kreuzkirche in Offenburg, in der sie getauft wurde, als dieses Jahrhundert gerade ins Laufen gekommen war, und die auch die letzte Station ihrer Lebensreise sein soll. »Und am Schluss des Gottesdienstes soll das ›Ave Maria‹ erklingen, von Bocelli gesungen, das ›Ave Maria‹ von Bocelli, das ist zum Hinschmelzen schön.«

Als wir beim Abschied vor die Tür ihres Hauses treten, hat sich die Sonne in einen knallblauen Sommerhimmel geschoben und die Wolken weggeputzt, die eben noch den berühmten Salzburger Schnürlregen brachten.

»So schönes Wetter – und ich noch dabei«, rufe ich ihr zum Abschied zu. Ein Jubelwort von Wilhelm Raabe, in dem sich wie in einer Chiffre das Glücksgefühl ausdrückt, auch im hohen Alter noch auf dieser Erde zu sein.

»Das ist nun wirklich Optimismus in höchster Potenz«, ruft Aenne Burda zurück, »aber wunderbar. Ich werde mir diesen Gedanken merken. Es tut gut, sich jeden Tag daran zu erinnern.«

»Dinge, die keinen Wert haben, werden heute viel zu wichtig genommen«

Giorgio Armani, Modeschöpfer von Weltruhm in Mailand, sagt aus eigener schmerzlicher Erfahrung: »Dem Erfolg wird heute eine viel zu große Rolle zugeschrieben. Aber der Erfolg isoliert dich, er macht dich irgendwie unberührbar und auch sehr einsam. Das ist schon sehr grausam.«

Wann immer ich in den Mode-Magazinen blätterte, fragte ich mich bei seinem Anblick, worin wohl das Charisma des Giorgio Armani bestehen mag – in seiner straffen Haltung, den weißen Haaren, dem markanten Gesicht, das immer leicht gebräunt ist, wie es sich gehört, wenn man unter der Sonne Italiens leben darf.

Nun, da ich ihm in seinem Palast in der Via Borgonaoro, ein paar Querstraßen vom Mailänder Dom entfernt, gegenübersitze, finde ich endlich Antwort auf meine Frage. Es sind seine Augen! Es sind diese verdammt stahlblauen Augen. Wenn man mir sagen würde, diese Augen könnten die Bilder der Mode-Zukunft schon heute sehen – ich würde es glauben.

Was denkt, was fühlt, was sagt ein Mann, der 1975 ein noch kleines Unternehmen gründete und der heute ein Mode-Imperium leitet, das er selbst geschaffen hat, mit weit über einer Milliarde Dollar Umsatz. Weltweit ist Armani in 2000 Geschäften vertreten und in über 50 eigenen Boutiquen.

Es ist zwei Uhr mittags. Siesta-Zeit. Atemholen vor der zweiten Tageshälfte. Aber nicht für Armani, einen Chef von mehr als 300 Angestellten, die in zwei Häusern direkt unter seinen stets wachen Augen arbeiten.

Armani kommt im schwarzen T-Shirt daher, seine 2000-Euro-Anzüge scheint er nicht für sich reserviert zu haben, vielleicht will er nicht sein eigenes Modell sein.

So klar, so puristisch wie seine Mode, so eindeutig kommen seine Antworten. Er liebt das Spiel: Klare Fragen, glasklare Antworten – sogar dann, wenn er Schwächen zugeben muss.

Zum Beispiel möchte ich wissen, was er angesichts der Heerscharen von geschmacklos gekleideten Menschen denkt, wenn er durch die Straßen der Großstadt läuft – »leiden Sie dann?«

»Nein, ich leide nicht darunter. Man muss akzeptieren, dass es Leute gibt, die zwar Geld haben, denen aber die Sensibilität dafür fehlt zu erkennen, was ihnen steht und was nicht. Aber zugleich tut es mir Leid, dass man nach vielen Jahren harter Arbeit, in denen man den Menschen das Anziehen beizubringen versuchte, erkennen muss: Dies hat alles zu nichts geführt.«

Für einen Augenblick hat Giorgio Armani den Blick gesenkt – wer gibt vergebliches Bemühen schon gerne zu?

Doch dann, Sekunden später ist er wieder genau da, wo er hingehört: beim Erfolg, den er als Modeschöpfer für sich gepachtet zu haben scheint.

Und wieder diese Überraschung, als ich ihn frage, ob ihm – ganz allgemein betrachtet – die heutige Zeit gefällt.

»Nein, ganz und gar nicht«, schießt es aus ihm heraus. »Heute werden Dinge, die überhaupt keinen Wert haben, viel zu wichtig genommen. Auch dem Erfolg wird eine zu große Rolle zugeschrieben. Und das Schlimmste ist, wer keinen Erfolg hat, der ist nichts wert. Das ist schon sehr grausam.«

»Verweilen wir einen Augenblick beim Reichtum, dem Traum von Millionen Menschen – was hat er Ihnen gebracht?«

»Einsamkeit.« Peng. Das hallt wider an den Wänden des Palastes. »Der Erfolg isoliert dich. Er macht die Menschen auch irgendwie unberührbar. Alle denken immer, ich sei ständig unterwegs, immer von Freunden umgeben. Die Wahrheit ist eine andere. Die Menschen betrachten dich aus einer gewissen Distanz heraus. Gehe ich beispielsweise wie alle anderen am Sonntag in ein Kino, dann schauen mich die Menschen ganz erstaunt an und wirken fast verlegen. Manchmal ist das schön, weil man sich als etwas Besonderes fühlt, auf der anderen Seite macht es dich aber eben auch sehr einsam.«

»Sprechen wir über die Armani-Mode, die man ja getrost der Luxus-Industrie zurechnen kann. Wie sieht die Zukunft dieser Industrie aus – hell und freundlich wie eine Frühlingsmode oder eher dunkel wie deutsche Lodenmäntel im Schneegestöber?«

»Für Luxusprodukte wird es immer einen Markt geben, denn es wird immer reiche Menschen geben, so wie es immer arme Menschen geben wird. Diese teure Mode wird manchmal sogar von Menschen gekauft, die sich das Geld zusammensparen müssen, um ein Armani-Produkt zu erstehen. Ich persönlich denke jedoch, dass dies der falsche Weg ist«, sagt der Meister mit jener Offenheit, die man sich nur erlauben kann, wenn man vom Thron heruntersprich, ihn nicht erst noch erobern muss.

»Wer nicht Geld hat, sollte sein Geld für andere Dinge ausgeben, nicht für teure Kleider, man kann sich nämlich auch mit weniger Geld hervorragend kleiden« – ja, Giorgio Armani legt gerne noch einen Scheit nach.

»Signor Armani, die heutige Mode ist zum Teil von erbarmungsloser Offenheit. Wie sehen Sie die Zukunft der Mode?«

»Ich denke, wir haben das Limit bereits erreicht, sonst könnten die Frauen ja gleich nackt herumlaufen. Auch ich habe natürlich meine Mode aktualisiert und leichte Kleider entworfen, die aber noch bedecken. Denn wenn man alles sieht, gibt es kein Mysterium mehr«, sagt der Meister, der selbst als Modeschöpfer ein Mysterium ist und bleibt, so offen er auch über sich und seine Mode spricht.

Armani lässt keinen Zweifel daran, dass die Zeit der Mode-Diktatoren vorbei ist. »Als ich einmal ausrief ›Die Mode ist tot‹, meinte ich, dass es verschiedene Modetendenzen nebeneinander gibt. Karl Lagerfeld arbeitet für eine andere Kundschaft als ich. Natürlich haben wir alle viel gemeinsam, denn am Ende kann man ja nichts anderes kreieren als ein Jacke, einen Rock oder eine Hose. Es gibt heute immer alles und es gibt nichts, was völlig aus der Mode ist. Alles ist erlaubt. Es gibt kein ›out‹ und kein ›in‹ mehr. Die Welt hat sich verändert.« Dieser Feststellung ist nun wirklich kein Wort hinzuzufügen.

»Schmerzen – das sind Signale, die uns etwas sagen wollen«

Dr. Antje-Katrin Kühnemann wurde durch ihre Sendung »Sprechstunde« zur bekanntesten TV-Ärztin der Bundesrepublik. Sie kam zur Medizin, weil sie ihrem todkranken Bruder helfen wollte. »An diesem Schicksal bin ich gereift«, sagt sie heute.

Kaum zu glauben, dass diese heitere Frau, die so lachen kann, die schöne Roben trägt, die für eine Party schon mal quer über Europa fliegt, kaum zu glauben also, dass diese Antje-Katrin Kühnemann nach wenigen Minuten unseres Gesprächs plötzlich über den Tod philosophiert und über das Ende des Lebens spricht.

Wir sitzen im holzgetäfelten Raum ihres Hauses nahe dem Tegernsee, wo sie in Rottach-Egern eine private Praxis unterhält, ihre große öffentliche Bühne sind die Fernsehstudios in München. Über viele hundert Sendungen hat sie hier schon moderiert, und Millionen schauen zu, seit sie 1973 regelmäßig mit ihrer wöchentlichen »Sprechstunde« auf dem Bildschirm erscheint.

»Diese bayerische Bilderbuchlandschaft gibt mir Kraft«, sagt sie und schaut in den Föhnhimmel.

Aber schon kurze Zeit später, als ich frage, warum sie Ärztin geworden ist, gibt sie unvermutet den Blick frei auf ein Schicksal, das eng mit Leid, Schmerz und Tod verknüpft war.

Als ob ein Schatten ins Zimmer fällt, spricht Frau Kühnemann nun mit leiser Stimme von ihrem Bruder, der nur zwanzig Jahre alt wurde, ein Pflegefall seit seiner Geburt.

»In meinem Elternhaus war die Krankheit zu Hause. Meine Mutter war immer eine Helfende, und ich habe für meinen kleinen Bruder denken und sprechen müssen. Rund um die Uhr mussten wir alle für ihn da sein.«

Keine Anklage an das Schicksal, nur eine Erinnerung, was geschah, als sie selbst blutjung war. »Ich bin an diesem Schicksal gereift. Ich bin ganz automatisch in dieses Verantwortungsgefühl hineingewachsen. Aber wenn du helfen kannst, wirklich helfen, kommt etwas zu dir zurück. Das ist etwas Wunderbares gewesen: Dieses Strahlen über das ganze Gesicht des Jungen, wenn ich spürte, dass ich seine Wünsche verstanden hatte, die er mit Worten nicht ausdrücken konnte. Und was waren das für Wünsche? Kleine Handreichungen, mehr nicht. Aber für einen Hilflosen sind sie die ganze Welt.«

Damals im Jahr 1965 beschloss Antje, gerade 18 Jahre alt, anstatt Kunst Medizin zu studieren. »Instinktiv wusste ich, es ist vermessen, wenn schon ganz junge Menschen daherkommen und sagen: Ich werde ein Künstler. Da ist doch viel Hybris im Spiel, nicht wahr?«

So stürzte sie sich in ihrer Geburtsstadt München leidenschaftlich ins Studium, und das Schicksal meinte es gut: Sie lernte als Medizinalassistentin bei den ersten Adressen. So befasste sie sich mit den Problemen des Diabetes bei dem berühmten Professor Mehnert, und die plastische Chirurgie studierte sie bei Frau Professor Schmidt-Tintemann.

»Was war für Sie die wichtigste Erkenntnis in jenen Jahren?«

»Dass theoretisch jeder Mensch Medizin studieren kann, so wie jeder schreiben lernt. Aber obwohl jeder Mensch schreiben lernt, werden doch nur ganz wenige Menschen Schriftsteller. Und genauso gilt: Obwohl sich praktisch jeder das medizinische Vokabular aneignen kann, gelingt es doch nur wenigen, Ärzte im wahren Sinn des Wortes zu werden.«

»Schon Platon sagte, es sei ein großer Fehler, dass es Ärzte für den Körper und Ärzte für die Seele gibt, da beides doch nicht voneinander getrennt werden kann.«

»Ja, das Wichtigste für den Heilerfolg ist der Draht vom Arzt zum Patienten, wenn er also die richtigen Worte findet, wenn er in den Augen des Kranken lesen kann, wenn er sich seine Sorgen zu Eigen macht, ohne allerdings am Mitleid selbst zu ersticken.«

»Arzt – ein Beruf ohne Beispiel?«

»Ja, ein wunderbarer Beruf, mit keinem anderen Beruf vergleichbar. Das Ideal ist natürlich, man kommt zum Patienten und kann ihm sofort helfen, weiß das richtige Medikament, kann bei einem Notfall auch sofort operativ eingreifen. So etwas gibt es in der Vollendung vielleicht nur noch in Afrika, wo ein Arzt ohne diagnostische Mittel einen vereiterten Blinddarm feststellt und sofort operiert.«

»Sind Sie etwa neidisch auf die so schnell sichtbaren Erfolge der Kollegen von der chirurgischen Fakultät?«

»Nein, natürlich nicht. Aber die Erfolgserlebnisse sind dort eben so offenkundig, besonders in der Wiederherstellungschirurgie, beispielsweise nach schweren Brandverletzungen, wenn Gesichter verbrannt, Hände oder Füße verstümmelt sind. In der Inneren Medizin dauert alles etwas länger, denken wir nur an die mühsame Therapie des Bluthochdrucks. Da haben wir die gemessenen Werte, und dann gibt es viele hundert Präparate, um den Hochdruck zu bekämpfen.«

»Schildern Sie mal einen besonders glücklichen Augenblick in Ihrer Alltags-Praxis aus den letzten Tagen.«

»Da kam eine Patientin mit diffusen Symptomen, bei der ich spontan das Gefühl hatte: Die Frau muss sofort in die Klinik. Es war, wie sich dann herausstellte, die sprichwörtlich letzte Minute, denn es konnte bei ihr eine Embolie verhindert werden, die sonst bestimmt tödlich verlaufen wäre.«

»Ein Blick auf die Patientin genügte?«

»Ja, das gehört zur ärztlichen Kunst, dieses scharfe Beobachten, das Abhorchen des Körpers, dieses Mit-dem-Patienten-Sprechen. Wenn ein Kranker die Praxis verlässt und sagt: ›So wie die mich verstanden haben, hat mich noch keiner verstanden‹, dann ist das für mich ein wunderbares Gefühl.«

»Sind Frauen, was diese Seite des Berufs angeht, sensibler und damit besser geeignet, intuitiv zu handeln?«

»Nein, ich spreche Männern Sensibilität nicht ab. Sie verstecken sie nur manchmal. Sie haben sie aber – und sie sollten mit dieser Sensibilität sensibel umgehen.«

»Ich stelle es mir ungeheuer schwer vor, immer mit Kranken zusammen zu sein, ihre Probleme anzuhören, sich auf schmerzgeplagte Menschen intensiv einzustellen – und dann auch noch immer wieder erleben zu müssen, dass alle ärztliche Kunst nicht ausreicht.«

»Ja, es ist schwer, mit dem dahingehenden Leben bei schwerer Krankheit fertig zu werden. Wir verdrängen in unserer westlichen Zivilisation nur allzu gerne den Gedanken an den Tod. Mich selbst ängstigt mein eigener Tod nicht. Sicherlich macht es auch mir Sorge, wie ich dahin komme und ob mein Kopf gesund bleibt und ob ich auch in dieser Schlussphase noch über mich bestimmen kann. Aber sonst meine ich: Das Sterben gehört zum Leben, und wir Ärzte dürfen es nicht ausgrenzen wollen und schon gar nicht unsere eigene Angst da hineingeben.«

Aus ihren Beobachtungen bei Tausenden von Patienten weiß sie, dass ihr diese Einstellung zum Leben und seinem Ende hilft, mit den Patienten positive Gespräche zu führen, soweit es nur irgend möglich ist. »Man sollte auch die Familie in solche Gespräche, wo es um die letzten Fragen geht, mit einbeziehen. Und was die Schmerzen angeht: Schmerzen sind Signale, sie wollen uns etwas sagen – wir dürfen diese Signale nicht falsch deuten und schon gar nicht überhören. Zum Arzt gehört, dass er Schmerzen deuten kann, die Botschaft des Körpers und der Seele versteht.«

Als ich zum Schluss noch das Stichwort »Gesundheitsreform« und Arzt-Honorare ansprechen möchte, wehrt Frau Dr. Kühnemann ab. Das sei, wie Fontane sagt, »ein weites Feld«, das können wir hier nicht in wenigen Sätzen diskutieren.
Nur so viel sei gesagt, und nun kommt das Lachen wieder: »Wenn ich meinem Elektriker erzähle, dass ich für einen Hausbesuch bei einem Notfall zwölf Euro quittieren darf – Sie hören richtig: zwölf Euro –, dann schüttelt er nur den Kopf. So viel zu diesem Thema!«

»Ich glaube an eine höhere Macht, die alle Geschicke bestimmt«

Teddy Kollek, der legendäre Bürgermeister von Jerusalem, hörte als junger Mann ein Gespräch zwischen Albert Einstein und Ben Gurion, welches sein eigenes Leben veränderte. Denn seither kennt er weder Angst noch Furcht, hielt seine Tür für jeden Menschen offen.

Es gibt Menschen, bei denen trittst du ins Zimmer, und du weißt sofort: Hier wird Klartext gesprochen. Hier gibt es kein diplomatisches Drumherum. Hier zählt die Wahrheit und nichts als die Wahrheit. Bei Teddy Kollek, dem ehemaligen legendären Bürgermeister von Jerusalem, ist es so.

Jerusalem, die Stadt Davids, die heilige und die irdische Stadt, mit keiner vergleichbar, weshalb kein Bürgermeister irgendeiner anderen Stadt auf diesem Globus so berühmt, so populär, so angefeindet, so geliebt wurde wie dieser Einwanderer aus Wien, der Teddy Kollek heißt, von allen aber immer nur Teddy genannt.

Als 1993 gewählt wurde, wollte er es noch einmal wissen, wollte er noch mal Bürgermeister werden –

aber die Wahl ging für ihn verloren. »Natürlich hat es mich geschmerzt«, wiederholt er. Damals war er 83 Jahre alt. Kein Alter für ihn, aber doch für die anderen.

»Ich hatte damals während des Wahlkampfes etwas flapsig gesagt: ›So einen wie Teddy Kollek würde ich auch nicht wählen, der ist ja viel zu alt.‹« Eine lustige Bemerkung, mehr nicht. Aber sie klebte fortan wie ein Kaugummi an ihm. Das ist im Medienzeitalter so. Wir kennen das von einem deutschen Banker, der einmal über »peanuts« sprach, als es immerhin um ein paar Millionen ging.

So verlor Teddy die Wahl, aber nicht seine Stadt. »Jerusalem ist mein Leben, wird es sein bis zum Ende«, sagte er heute wie damals. Als er 1965 überraschend in das Bürgermeisteramt gewählt wurde, war die Heilige Stadt noch geteilt. Erst zwei Jahre später wurde sie, nach dem Sechs-Tage-Krieg, vereinigt. Von da an begann die Legende, die Ära Teddy Kollek.

Wie konnte ich auch nur daran zweifeln, dass der Verlust der Macht nicht einem Schnitt in sein Herz gleichen würde?

Der alte Mann und seine Stadt. Eine magische Beziehung. All seine Gedanken kreisen um Jerusalem, seine Taten sowieso. Als Bürgermeister hieß das auch Begegnungen mit den Großen dieser Welt. Kaum einer unter ihnen, der nicht die Heilige Stadt besuchte. Welche Begegnung ihm unvergesslich geblieben ist? War es Golda Meir oder Rabin? Kennedy, Carter,

Nixon? War es der Papst, der ihn vor zwei Jahren in Rom zur Privataudienz empfing? War es Kohl, Brandt, Genscher?

Teddy schweigt lange. Steigt in die Tiefen der Erinnerung. Und dann nennt er Albert Einstein, der 1933 Berlin verlassen musste, als die Nationalsozialisten an die Macht kamen.

»Es war Einstein, ganz ohne Zweifel. Ich war damals im Stab des Staatsgründers Ben Gurion, ein junger Mann, der zufällig Zeuge sein durfte, als sich diese beiden Männer unterhielten, die sich zuvor nie begegnet waren.«

»Worum ging das Gespräch?«

»Es ging nicht um Politik, nicht um Tagesangelegenheiten. Es ging zwei Stunden lang um die Frage, ob es ein höheres Wesen gibt, das die Welt lenkt und leitet.«

»Und das Ergebnis?«

»Einstein und Ben Gurion kamen zu dem Schluss: Ja, es gibt eine Kraft hoch oben, die die Weltgeschicke bestimmt, nicht unbedingt eine Religion, aber eine lenkende Kraft.«

»War diese Übereinstimmung von vornherein gegeben?«

»Ob vor diesem philosophischen Gespräch einer der beiden eine andere Meinung hatte, weiß ich nicht. Aber es war als junger Mensch für mich faszinierend, ihnen zuzuhören. Und der Dialog der beiden wurde zu einem Schlüsselerlebnis für mich, selbst über mein Verhältnis zu einer höheren Macht nachzudenken.«

Ein Ergebnis dieses Nachdenkens: Teddy Kollek kennt weder Angst noch Furcht. Wer ihn früher in seinem Bürgermeisteramt nahe der alten Stadtmauer besuchte, wurde von keinen Sicherheitskontrollen angehalten. Kein Öffnen der Taschen, kein Abtasten des Körpers. Man ging einfach zu ihm in sein spartanisches Büro, das sich bei uns jeder mittlere Manager verbeten hätte. Und Teddy wanderte durch »sein Jerusalem«, als sei er zu keiner Stunde gefährdet, als gäbe es nicht immer wieder Attentate, zersplitternde Bomben und Heimtücke in Jerusalem.

»Ich habe die Todesdrohungen, die an meinem Haus angeschlagen wurden, fotografiert, aber sie haben mich nicht beeinflusst«, sagt er heute kühl.

»Vielleicht liegt es an Ihren Genen, dass Sie so furchtlos sind?«

»Vielleicht ist es auch nur Dummheit gewesen«, antwortet Teddy nun – und lacht über sich selbst.

»Sprechen wir von dem Mittelpunkt, von dem Sinn Ihres Lebens, von Jerusalem, die von König David gegründete Hauptstadt des jüdischen Staates. Wie wird die Zukunft ausschauen?«

»Die Stadt, die nie aufhörte, Herz und Zentrum des jüdischen Volkes zu sein, ist von herausragender Bedeutung sowohl für das Christentum wie auch für den Islam. Hier ist es unter israelischer Hoheit gelungen, allen Religionen gerecht zu werden.«

»Jerusalem bleibt auf der politischen, nationalen und internationalen Tagesordnung ...«

»… für die nächsten drei, vier Generationen ganz bestimmt. Ich glaube, wir haben den Palästinensern zu wenig Rechte gegeben. Die Zeit wird für meine Thesen der Versöhnung arbeiten, da bin ich mir ganz sicher.«

Rückfahrt von Jerusalem Richtung Flughafen »Ben Gurion« nahe Tel Aviv. Ich überdenke noch einmal die Worte dieses großen alten Mannes, der über drei Jahrzehnte hinweg eine Stadt regierte, von der es in der Überlieferung heißt: »Zehn Maß von Schönheit kam in die Welt. Jerusalem bekam davon neun Maß, die übrige Welt eins. Zehn Maß von Leid kam über die Welt. Jerusalem bekam davon neun, die übrige Welt eins.«

Was ist das Geheimnis, das sein Leben in dieses hohe Alter trug? Sicher die Begeisterung, der Idealismus und der große politische Traum. »Golf und Bridge sind wunderbar, alle Hochachtung, aber ich habe immer versucht, etwas zu tun, was der Allgemeinheit dient. Das Ärgste für alte Leute ist die Langeweile. Ich kann mir Langeweile nicht erlauben, weil sie unangenehm ist. Ich kann kein Seiltänzer werden oder Pianist, ich kann nur tun, was ich immer tat. Meine Geburtstage feiere ich nur, wenn ich Spenden für Jerusalem einsammeln kann.«

Den Spitznamen »Teddy Collect« empfindet er deshalb wie einen Ritterschlag.

Bei allem Optimismus übersieht Teddy nicht die Schatten, die auf die Zukunft fallen. »Wir waren, als wir den Staat Israel gründeten, eine sehr idealistische Jugend. Ich habe zum Beispiel in meinem ganzen Leben nie meinen Gehaltszettel kontrolliert. Heute haben wir es mit einer Jugend zu tun, die sehr anspruchsvoll ist, die alles immer sofort haben will, bei der alle materiellen Angelegenheiten eine zu wichtige Rolle spielen. Ich glaube nicht, dass das gut für die Jugend ist. Ich glaube nicht, dass es gut für die Welt ist.«

»Früher dachte ich in Jahrzehnten, heute oft nur noch in Wochen«

Peter Alexander, vereinsamt nach dem Tod seiner Hilde, war der Superstar des Fernsehens mit Einschaltquoten bis zu 80 Prozent. Bei diesem Höhenflug hatte er immer Angst vor dem Absturz, »aber genau diese Angst war der Motor meiner Erfolge«, weiß ›Peter der Große‹ in der Rückschau.

Peter Alexander öffnet die Tür für Fremde eigentlich nie, nur Freunde dürfen zu ihm, aber da er 75 Jahre alt wird und den Geburtstag auch gar nicht verheimlichen kann, haben wir einen Termin.

Wir wollen natürlich wissen, warum er seit Jahren nicht mehr im Fernsehen zu erblicken ist, warum er sich bis zur Selbstverleugnung rar macht, und wir wollen ihm sagen, wie sehr er uns fehlt in dieser neuen Fernsehwelt, die so hektisch ist und so selten noch voll von jenem Charme, den er spielerisch in seinen großen Shows versprühte.

Und plötzlich steht er vor uns, lässig gekleidet, Sandalen, Pullover, und führt uns auf die Terrasse seines stilvollen Hauses, das in einer verschwiegenen Bucht am Wörthersee liegt, nur hin und wieder wird er gestört, wenn auf vorbeifahrenden Booten die Touristenführer per Megafon rufen: »Und hier sehen Sie das Haus von dem großen Peter Alexander.«

Dann geht ein »Aha« durch die Reihen der Schaulustigen, und die Erinnerungen tauchen auf an eine unbeschwerte Zeit der Unterhaltungssendungen, die auf unangestrengte Weise Quoten brachten, die sogar im Guinness-Buch der Rekorde verzeichnet sind.

»Einmal kam ich auf 80 Prozent aller Zuschauer, das war zwar an einem autofreien Sonntag, aber immerhin: 80 Prozent«, sagt er, aber es klingt nicht stolz, sondern dankbar. »Ich hatte ein treues Publikum.«

»Warum sind Sie dann Ihrem Publikum untreu geworden, Sie waren seit Jahren nicht auf Sendung, sicher haben Sie diese Klage von vielen Menschen gehört?«

Was soll er darauf antworten? Und wann gab es dieses endgültige »Aussteigen«, wie man heute sagt? Wann war dieser schicksalhafte Augenblick der Wahrheit, da man erkennt: Bis hierher und nicht weiter?

»Es war vor einigen Jahren, da kamen wieder die Herren vom Fernsehen, um die nächste Show zu besprechen. Sie brachten ein Drehbuch mit, das meine Frau und ich sofort gelesen haben. Dabei stellten wir fest: zu dünn, zu wenig Substanz, und die Verträge mit den Stars, die in meiner Show mit mir auftreten sollten, die gab es auch noch nicht.«

Und so bat seine Frau Hilde, die er privat nur »Schnurrdiburr« ruft, die Fernsehgewaltigen, sie möchten bitte nicht böse sein, man würde jetzt noch zusammen eine Mahlzeit einnehmen – aber eine weitere neue Show sei unter diesen Bedingungen nicht möglich.

Denn eines wollte sich »Peter der Große« auf keinen Fall leisten: einen Flop. »Davor hatte ich Angst. Ich hatte immer Angst vor dem Absturz, auch als ich ganz oben war. Es war eine Angst, die mir Lampenfieber, feuchte Hände und einen Adrenalinstoß bescherte, die mich aber zugleich zwang, immer mein Bestes zu geben. Ja, die Angst war in Wahrheit der Motor meiner Erfolge.«

»Und welche Rolle spielte neben Fleiß und Begabung das Glück?«

»Glück war natürlich auch im Spiel. Aber ich will ganz ehrlich bekennen: Das Glückliche an meinem Glück war, dass ich ihm niemals hinterherlaufen musste, das Glück ist immer zu mir gekommen.«

Peter Alexander, der Sunnyboy, der Darling von Millionen, der Star, der keine »Zielgruppen« kannte, weil er immer alle haben wollte – und sie auch gewann.

Es gibt diese Sekunden im Leben eines jeden, in denen man an der Gabelung steht und die Richtung ändert. Bei Peter Alexander geschah es in London, als er Frank Sinatra erlebte und urplötzlich wusste: Das Wiener Burgtheater, Ziel seiner frühen Sehnsucht als junger angehender Schauspieler, kannst du vergessen. Entertainer, Sänger, Kabarettist und Schauspieler in einem, das wollte er sein und das wurde er.

»Alexander der Große kommt«, hieß es auf den Plakaten, wenn er durch viele Städte seinen Siegeszug startete, unvergessene, umjubelte Tourneen.

Aber dass es, bei dieser Begeisterung, die noch nachschwingt, wenn er jetzt davon erzählt, ein Ende der Karriere geben sollte – nur weil kein gescheites Drehbuch aufzutreiben war, das kann man sich nun doch nicht vorstellen. Da muss doch mehr sein. Da muss man die Fassade durchstoßen.

»Kennen Sie das weise Wort: ›Man muss wissen, wann der Kreis des Lebens ausgeschritten ist‹?«, frage ich und lasse den Satz stehen. Lange Pause. Nachdenken. »Können Sie diesem Wort zustimmen?«

»Auf jeden Fall. Ich wäre auch bereit, den Kreis noch mal zu gehen, aber die Bedingungen sind heute leider andere.« Wir sprechen nun von der Quotenjagd, dem Jugendwahn, den Werbeunterbrechungen, dem Mobbing in den Sendern. Was den Menschen heute fehlt, sei eine Nachkriegszeit, wie er sie erlebt habe, als sich alle miteinander an Erfolgen erfreuten und Neid kaum kannten.

Und dann kommt, unweigerlich, die Frage: Gibt es eine Angst vor dem Älterwerden, Angst gar vor dem Tod?

Es ist, als ob ein Schatten ins Zimmer fällt. Peter Alexander berichtet, er habe kürzlich einmal nachgezählt, wie viele von den Mitwirkenden nicht mehr unter uns sind, die vor Jahren bei einer seiner großen Shows in Köln noch dabei waren.

»Und wissen Sie, auf welche Zahl ich gekommen bin? 29. Eine grausame Zahl. Da verfällt man schon ins Grübeln. Früher habe ich in Jahrzehnten gedacht, heute denke ich in Monaten, manchmal sogar nur in Wochen.«

Es sei auch zwecklos zu leugnen, dass kaum noch ein Tag vergeht, an dem er nicht an den Tod denke. Aber das geht sicher vielen gleichaltrigen Menschen so. Ob er angesichts seiner 60 Filme, seiner 600 Fernsehsendungen, das Gefühl habe, im Leben vielleicht doch zu viel gearbeitet zu haben? Seine Antwort ist typisch, verrät so viel: »Sie werden lachen: Das Gefühl, zu viel zu arbeiten, hatte ich schon damals, als ich noch arbeitete.«

Und so ist mir im Verlauf unseres Gesprächs plötzlich klar geworden: Dem Liebling der Götter wurde eine Gabe mitgegeben: seine tief verankerte, durch keinen Ruhm zerstörbare Sehnsucht nach Stille, nach Ruhe, nach Natur. Wenn er leise flötet und die zwei Hausenten vom Ufer nach oben zur Terrasse angewatschelt kommen, dann lächelt er wie ein Lausbub, so, als ob er um die Wahrheit der chinesischen Weisheit wüsste: Wer sein Herz dem Ehrgeiz öffnet, der verschließt es in der Ruhe. Und auch dies weiß Peter Alexander nur zu genau: Wenn man die Ruhe nicht in sich findet, ist es vergebliches Bemühen, sie anderswo zu suchen.

Stolz zeigt mir Peter Alexander beim Rausgehen noch schnell seinen Wagen, einen uralten Mercedes

500 SEL, den er über die Jahre hin gehütet hat, er könnte aus einem Museum stammen. Trotz Millionengagen ist er geblieben, was er immer war: ein Meister der Bescheidenheit im persönlichen Leben, verschwenderisch nur auf der Bühne für sein Publikum, das für ihn das beste Publikum der Welt war.

»In den menschlichen Beziehungen ist das Arzttum das Königliche«

Dr. Roland Hetzer, Chef des Deutschen Herzzentrums, hat tausende von Herzen transplantiert, sogar bei Säuglingen. »Das Herz ist das einzige Organ, das ständig in Bewegung ist, es führt ein Eigenleben, es ist wie ein zweites Individuum.«

Drei Uhr mittags. Ich betrete das Gebäude des Deutschen Herzzentrums in Berlin. Ein pompöser Bau. Kaiser Wilhelm II. rief 1906 bei der Besichtigung aus: »Dies ist keine Klinik, dies ist ja ein Schloss.«

Aber ein Schloss, das wie kein anderes alles gesehen hat: die Triumphe einer fantastischen Medizin, aber auch Niederlagen im Kampf gegen den Herzinfarkt. Hier sind die Experten versammelt, die sich in den Herzen der Menschen auskennen. Neunzig Ärzte alleine in der Chirurgie. Sieben Operationssäle und fünfzig Betten in den Intensivstationen. Über 1200 Herztransplantationen in den letzten zehn Jahren.

Im Flur, beim Aufstieg zum ersten Stock, sehe ich zwei Männer. Sie sind in ein Gespräch vertieft. Der Arzt hat den Kopf gesenkt, hört zu. Vor ihm ein junger Mann in jener demütigen Haltung, die jeder Mensch annimmt, wenn er auf eine schicksalhafte Entscheidung wartet.

Ich bleibe im Schatten einer Säule stehen. Will nicht stören. Spüre, dass über Leben und Tod gesprochen wird. Der junge Mann hängt an den Lippen des Professors. Jede Silbe ist ihm wichtig. Später erfahre ich, dass es bei einem Baby, dem ein Herz transplantiert worden ist, eine unvorhergesehene Komplikation gegeben hat. Dass der junge Vater um das Leben seines Kindes bangt.

»In einem solchen Fall muss man sich einfach alle Zeit der Welt für ein Gespräch nehmen«, sagt Professor Roland Hetzer. »Entschuldigen Sie, dass ich Sie deshalb warten ließ.«

Es braucht keine solche Entschuldigung! Nicht bei einem Arzt, der mit seiner Kunst kranken Menschen Schmerzen nimmt und ihnen Lebensjahre schenkt.

»Wir haben in unserer Klinik die größte Zahl weltweit, wenn es um die Anwendung künstlicher Herzen bei Patienten geht.« Professor Hetzer sagt dies, als ob er einen Kontoauszug vorliest.

Die erste Transplantation in seiner Klinik gab es im Frühjahr 1986 bei einem 43-jährigen Mann, der an einer schweren Herzmuskelerkrankung litt.

»Wie lange dauerte damals der Eingriff?«

»Drei Stunden. Für eine solch schwere Operation war das eher eine kurze Zeitspanne.«

»Und das Spenderherz?«

»Das kam damals, wie unser Patient, aus Westdeutschland. Es war uns über das zentrale Organspenderregister Eurotransplant als gut geeignet angeboten worden. Zwei meiner Mitarbeiter hatten es entnommen, per Flugzeug und Hubschrauber nach Berlin gebracht. Das muss schnell geschehen, länger als vier Stunden darf so ein Transport nicht dauern.«

»Für Sie ein bedrückendes Thema«, sage ich – und warte.

»Ja, es ist und bleibt zutiefst deprimierend, dass wir in vielen Fällen nur helfen können, wenn zuvor jemand gestorben ist. Das ist wahrlich eine Problematik, die auf alle bedrückend wirkt, auch auf mich.«

»Ich habe gelesen, dass in Ihrer Klinik die Altersspanne für Patienten mit einem neuen Herzen zwischen acht Tagen und über siebzig Jahren liegt. Acht Tage auf der Welt und schon operiert – kann das stimmen?«

»Das ist richtig. Wir haben vom ersten Tag an gesagt, wir wollen möglichst wenig Kriterien aufstellen, die zu einem Ausschluss von Patienten führen. Und wir wollten die Ablehnungsrate insgesamt gering halten, übrigens auch gegenüber älteren Menschen. Darum gibt es auch Herzen für Patienten über siebzig.«

»Der Weg aus der Organspender-Problematik ...«

»... führt eindeutig über die künstlichen Herzpumpen.« Nun erhebt sich Professor Hetzer, geht zu seinem Schreibtisch, sucht zwischen Akten und Büchern nach einer solchen künstlichen Pumpe, findet sie in einer Schublade und drückt sie mir in die Hand. Ein technisches Wunderwerk, vor dem ich gleichwohl erschrecke angesichts der Vorstellung, dass ein solches Ungetüm in die menschliche Brust verpflanzt wird.

Professor Hetzer spürt, was ich denke. »Keine Angst. Sie sehen ein älteres Modell. Diese Pumpen werden immer kleiner, so wie die Handys immer kleiner geworden sind. Die neuen Pumpen brauchen weniger Energie, sind weniger anfällig für Infektionen. Wir überbrücken mit ihnen schon heute lange Wartezeiten bei Patienten, die vor einer Operation stehen.«

»Ihr ganzes Leben als Arzt dreht sich um das Herz – was ist die Faszination?«

»Schon der Laie erkennt das Wunder, wenn er nur daran denkt, dass bis zu 10 000 Liter täglich durch dieses Organ hindurchgepumpt werden. Es ist das einzige Organ, das ständig in Bewegung ist. Es ist darüber hinaus ein Organ, das der Mensch nicht beeinflussen kann. Gleichzeitig aber reflektiert das Herz die Gemütslage des Menschen, die Anspannung, den Stress, indem es entweder schneller schlägt oder stolpert oder Schmerzen bereitet. Das heißt: Das Herz führt ein Eigenleben, es ist wie ein zweites Individuum. Vielleicht ist dies der Grund für die ganz besondere Stellung, die das Herz – fast hätte ich gesagt: im Herzen der Menschen – einnimmt.«

Für die Mediziner an der Herzfront aber bedeutet dies: Ist ein Eingriff nötig, handelt es sich immer gleich um »große Chirurgie«. Kein Wunder, dass die Zeitungen und vor allem das Fernsehen weltweit die Herzchirurgen für sich als Stars entdeckt haben. Dass es immer wieder spektakuläre Schlagzeilen gibt, mit Christiaan Barnards erster Herzverpflanzung 1967 in Kapstadt hat es begonnen.

»Es sind meist nicht die so genannten charismatischen Persönlichkeiten, die die besten Chirurgen sind«, sagt Professor Hetzer. »Dies ist kein Beruf für Blender. Der Herzchirurg sieht das Ergebnis seines Handelns immer sofort, der Bauchoperateur vielleicht nach fünf Tagen, der Unfallchirurg vielleicht nach drei Wochen. Glauben Sie mir: Die Kombination von selbstsicherem Auftreten, gut aussehendem Mann und erfolgreichem Herzchirurgen ist äußerst selten. Um das zu finden, sollten Sie lieber ins Kino gehen.«

Film hin, Schlagzeile her – die Erfolge der großen Herzchirurgie sind unbestreitbar, wenn auch nicht in jener Dimension, die der Schriftsteller Hermann Kesten ironisch so beschrieben hat: »Die Fortschritte in der Medizin sind so ungeheuer, dass man sich nicht einmal mehr seines Todes sicher sein kann.«

Die Meinung des Professors zu diesem Thema ist eindeutig: »Es kann nicht das Ziel sein, Unsterblichkeit erreichen zu wollen. Ich glaube vielmehr, dass das menschliche Leben ohne den Tod weder denkbar noch sinnvoll ist.«

»Überleben – auch ein lebenswertes Leben?«

»Aber ja, das ist das, was mich besonders interessiert: Die Lebensqualität nach einem Eingriff, so schwer er ist, wird immer besser. Die Zahl der geschenkten Jahre ist das eine, wie der Patient die gewonnenen Jahre verbringt, ist das andere.«

Professor Roland Hetzer erzählt nun von einem Konzert, das ein paar Tage zurückliegt und das zu seinen schönsten Erlebnissen gehört. Denn auf der Bühne stand ein Mann, dem er in einer großen riskanten Operation ein zweites Leben schenkte. »Es war wunderbar, diesen Musiker zu erleben, vor einem großen Orchester. Und er dirigierte fast zwei Stunden ohne Ermüdung – eine großartige Leistung.«

»Sie arbeiten im Operationssaal ohne Beifall, der Künstler bekommt immerhin den Applaus.«

»Keine Sorge, ich bin trotzdem mit dem Ausmaß an Anerkennung sehr zufrieden.«

Ich erinnere mich an ein Wort des berühmten Ferdinand Sauerbruch, der schon 1913 eine verkalkende Entzündung des Herzbeutels mit Erfolg operierte: »Das Arzttum ist das Letzte und Schönste und Größte an Beziehungen von Mensch zu Mensch, es ist das Königliche.«

Für den Arzt Roland Hetzer klingt das ein bisschen zu pathetisch. »Aber im Kern hat Sauerbruch natürlich Recht«, räumt Roland Hetzer ein, während ich noch einmal an das Bild denke, das ich am Beginn meines Besuchs gesehen habe und nie vergessen werde: Der Arzt, versunken im Gespräch mit dem jungen Vater eines Säuglings, dessen Lebenslicht flackert.

»Das Spiel um die Macht und Eitelkeit kann man vergessen«

Heinz Bauer, Hamburger Großverleger mit einer Jahrhunderte umspannenden Familientradition, hat als Jetpilot eine »ergreifende Erfahrung« gemacht, die ihn Distanz zur Welt der so genannten Reichen und Schönen halten lässt; eine Welt, über die seine Zeitschriften in Millionenauflagen immer wieder berichten.

Es ist die Ruhe, denke ich plötzlich, die sein Geheimnis ist. Eine betörende Ruhe, zuweilen sogar beklemmend. Es ist eine Ruhe, die das Gespräch in der Balance hält. Da gibt es keine nervösen Ausschläge, kein Himmelhoch jauchzend – zu Tode betrübt. Selbst dann, wenn es um Allerpersönlichstes geht, ist diese Ruhe da. Erstaunlich, da ich doch mit einem Mann zusammensitze, der in der lauten und grellen Welt der Medien nicht nur lebt, sondern sie mit Millionenauflagen seiner Blätter mitgestaltet.

Wir sitzen am Kamin, in einem holzgetäfelten Raum, der Blick aus dem Fenster geht hinunter zur Elbe, kein Wichtig-wichtig-Telefonat wird durchgestellt in den zwei Stunden, da ich versuche, zu den

Wurzeln eines Mannes vorzustoßen, der als der »große Schweiger« in den Zeitungen vorgestellt wird. »Extrem öffentlichkeitsscheu«, heißt es an einer Stelle, »gibt selten Interviews« an anderer über den Verleger Heinz Bauer.

Selbst bei der 125-Jahr-Feier seines Verlages im Hamburger Curiohaus, im Beisein des Bundeskanzlers, hielt seine Frau Gudrun die Begrüßungsrede. »Ist dieses totale Zurückgenommensein ein Trick, Herr Bauer?«

Die Frage steht so frech im Raum, wie sie gemeint ist. Und die Antwort kommt prompt. »Nein, es ist kein Trick, es ist meine Natur. Ich verstehe das nicht als Vermarktungsinstrument für mich selbst.«

»Herr Bauer, Ihre Journalisten ziehen aus, um möglichst alles über Prominente zu erfahren, aber von Ihnen weiß man so gut wie gar nichts ...«

»Ich sagte Ihnen ja schon: Es ist meine Natur. Und ich sage Ihnen auch: Wer nicht möchte, dass er dauernd im Scheinwerferlicht der Medien erstrahlt, der kann das auch erreichen.«

Nein, Heinz Bauer gehört nicht zur Party-Gesellschaft. Er will es auch gar nicht. Er ist als Mensch längst da, wo viele andere in dieser nervös zuckenden, überhitzten Zeitschriftenbranche auch gerne wären: Er ruht ganz in sich selbst.

Nun ist es aber nicht so, dass dieser Mann, der in den Verlag seines Vaters Alfred Bauer hineinwuchs, der 1984 selbst das Steuer übernehmen musste, keine

Spielwiesen kennt. Sie sind nur anderer Art. Womit wir bei seiner Leidenschaft sind: dem Fliegen.

Schon als 18-Jähriger packte ihn diese Sehnsucht. Vom ersparten Geld wurde eine alte Maschine gekauft, der Vater war nicht einverstanden, aber was vermag ein Vater gegen die Leidenschaft seines Sohnes auszurichten?

»So kam es, dass der alte Herr eines Tages den Geldbeutel öffnete und mir ein ›vernünftiges Flugzeug‹ kaufte, schon wegen der Sicherheit.« Und was konnte ihm mehr Freude schenken als dieses von Antoine de Saint-Exupéry so wunderbar beschriebene Gefühl, am Steuerknüppel zu sitzen und mit einer Bewegung, die geringer ist als das Pflücken einer Blume, das Flugzeug in die Luft zu erheben.

Noch heute fliegt der Verleger mit seinem Jet zu Geschäftsterminen, und wenn er von den Jahren spricht, in denen er durch den amerikanischen Himmel düste, zu den Metropolen, zu den Naturparks, leuchten seine Augen – »für Flieger sind die USA das Paradies schlechthin«.

Ob ihn seine Leidenschaft in seiner Einstellung zum Leben beeinflusst, gar verändert hat?

Heinz Bauer zögert, er will dieses Hobby nicht so dramatisiert sehen. »Nun ja, man lernt, dass man da oben über den Wolken auf sich allein gestellt ist, man hat hohe Verantwortung für sich selbst und die Passagiere, und man erlebt, dass alles Alltägliche von einem abfällt.«

»Sind Sie ein gläubiger Mensch?«

»Wenn man sich mit der Unendlichkeit des Universums intensiv beschäftigt, und ich habe das viele Jahre getan, und wenn man die Schönheit der Welt von oben sieht, dann erkennt man, dass es eine Kraft geben muss, die alles zusammenhält. Und das ist eine ergreifende Erfahrung.«

Kommen wir zurück zur Erde, zum Alltag eines Verlegers. Sein Medienberater Andreas Fritzenkötter, der viele Jahre in Bonn für Bundeskanzler Helmut Kohl die Kastanien aus dem Medienfeuer holte, hatte mir zur Einstimmung ein paar Zahlen über den Tisch geschoben: Der Bauer Verlag publiziert weltweit 100 Zeitschriften, in Deutschland 30 mit einer Gesamtauflage von 18 Millionen. Über 5000 Mitarbeiter weltweit. Der Verlag ist Spitze bei Programm-, Frauen- und Jugendzeitschriften und beherrscht mit einer großen Palette bunter Blätter das Segment der Regenbogenpresse.

»Sie können sich also zurücklegen und sagen: Alles ist gut, egal, was passiert, die Produktionsmaschine läuft sowieso.«

Heinz Bauer lacht, er merkt, dass dies eine rhetorische Frage ist. »Sie denken, so eine Art Besitzerstolz ...« Nein, davon könne natürlich nicht die Rede sein. Dass die Blätter auf Dauer von alleine laufen, sei sicher eine Fehleinschätzung: »Bedenken Sie die Enge im Markt. Die harte Konkurrenz. Dazu das Aufkommen der Neuen Medien. Nein, wir müssen unsere Titel, von ›TV Movie‹ bis zum ›Playboy‹, immer wieder neu justieren.«

»Und Neues wagen? Oder ist Ihre Devise mehr: Bewahren, was man hat?«

»Weit gefehlt. Ich glaube, mit Bewahren erreicht man genau das Gegenteil. Wenn in einer Gesellschaft neue Strömungen auftauchen, müssen wir mit neuen Zeitschriften darauf reagieren. Aber es ist nun auch nicht so, dass ich auf den Knopf drücke und sage: Ich will jetzt drei neue Titel haben.«

Und dann, nach kurzer Pause: »Man kann nämlich ein Unternehmen auch überstrapazieren.« Im Übrigen brauche man für jeden neuen Titel nicht nur jemanden, der das Geld gibt, sondern auch kreative und vom Beruf besessene Journalisten, und die gebe es immer seltener: »Vielleicht hängt das mit den hedonistischen Gefühlen der heutigen Fun-Gesellschaft zusammen, wer weiß?«

»Gibt es Glücksgefühle in Ihrem Beruf?« Auch bei dieser Frage kommt die Antwort leise, fast bescheiden daher, nichts Pathetisches: »Das kann durchaus ein Brief sein, in dem uns ein Leser schreibt, dass wir seine Wünsche und sein Herz getroffen haben.«

Dass der Bauer Verlag ein Familienunternehmen bleiben wird, steht für ihn außer Frage. Seine vier Töchter wachsen ins Unternehmen hinein, so wie er einst Schritt für Schritt von seinem Vater in die Verantwortung geführt wurde. Sie stehen nicht vor dem Problem, das der Dramatiker August Strindberg in einem Brief an seine Tochter ebenso lustig wie pointiert beschrieben hat: »Wenn du einmal heiraten solltest, so nimm nicht den Dichter, sondern den Verleger.«

Familienbetrieb, auch im Zeitalter der Globalisierung, der Fusionen? Heinz Bauer winkt ab. »Es ist nach meiner Beobachtung ja nicht so, dass sich die Auffassung durchsetzt, dass nur Größe überlebensfähig ist. Daran glaube ich überhaupt nicht. Schiere Größe ist nicht entscheidend.«

Heinz Bauer setzt seine Worte wie Schachfiguren. Zug um Zug. Auch nach über einer Stunde ist diese Ruhe, die Ausgewogenheit zu spüren. Aber wir haben im Gespräch eine Brücke gebaut, über die ich nun doch gehen will, allen Ratschlägen zum Trotz, die da lauteten: Möglichst keine privaten Fragen …

Es könne doch nicht alles so glatt gegangen sein, wie es den Anschein hat, auch ein Milliardenunternehmen sei, selbst bei Erfolgen, doch kein Honigschlecken. Gab es nicht auch Einschnitte, persönliches Schicksal, Schmerzen? Und könne er dem Wort von Ludwig Börne zustimmen, dass Schmerzen der große Lehrer des Menschen sind, unter dessen Hauch sich die Seelen entfalten …?

Ja, natürlich gab es Misserfolge im Geschäftlichen. Dann, nach langer Pause: »Und es gab den Tod meines Sohnes, der im Alter von fünf Jahren an Leukämie starb.« Jeder könne sicher verstehen, dass es für alle Eltern ein furchtbares Erlebnis sei, wenn man seine eigenen Kinder überlebt.

Dass sich seine Einstellung zum Leben seit jenem grausamen Verlust verändert habe, will er nicht bestreiten, aber reden will er darüber nicht. »Nur so viel: Man wird plötzlich herangeführt an die Basis des Lebens.«

»Als Sie Ihren 60. Geburtstag feierten, war das ein Tag wie jeder andere?«

»Jede runde Zahl macht den Menschen schon nachdenklich. Und es ist sicher auch ein Stück Lebenskunst, den Wandel der Lebensalter zu sehen und die jeweiligen Stärken und Schwächen, die mit ihm verbunden sind, zu erkennen.«

Auf der Heimfahrt nach München lese ich noch einmal Zeitungsausschnitte über den Mann, mit dem ich soeben Momente der Nähe hatte, staune über die Häme, die da hin und wieder durchscheint – »sparsam, extrem menschenscheu, einfallslos, Bauer ohne Power«. Und ich sehe, dass viele, die über den Hamburger Verleger schreiben, mit ihm nicht ein einziges Wort gewechselt haben, ihn gar nicht kennen.

Dass Heinz Bauer beispielsweise den Sprung nach Amerika, Frankreich, Spanien, Polen, Rumänien, Ungarn und andere Länder wagte, dass er allein in Großbritannien zwanzig Zeitschriften startete – das wird alles zwar registriert, aber nicht gewertet oder gar anerkannt.

Dabei war dies eine Expansion, von der sein Vater nicht einmal träumte. »Er blieb auf die Region Hamburg beschränkt. Als ich mich für eine Druckerei in Köln einsetzte, war ihm das schon zu weit. Aber damals war eben alles überschaubarer. Mein Vater ging morgens in den Keller und danach bis unter das Dach, dann hatte er mit allen gesprochen, wusste, was in der Firma los war. Ich muss heute auf Hausmitteilungen nachlesen, was in den einzelnen Abteilungen geschieht.«

Beim Abhören des Bandes spüre ich noch einmal die Begeisterung, mit der der Verleger Heinz Bauer über den Piloten Heinz Bauer sprach, der sicher jene fliegerischen Erfahrungen nachempfinden kann, die Saint-Exupéry in »Wind, Sand und Sterne« mit dem Blick von oben auf die Erde so beschrieben hat: »Auf welch winziger Bühne rollt das große Spiel des menschlichen Hasses, der menschlichen Freuden und Freundschaften ab.«

Vielleicht sind es genau diese Gefühle, die Bauer dahin gebracht haben, nur noch seinem eigenen Stern zu folgen: Weil er das Spiel um Macht und Eitelkeit gerade in der bunten Welt der Medien erkannt und durchschaut hat.

»Helfen, einfach nur helfen«

Dr. Marita Eisenmann-Klein, Chefärztin für Plastische Chirurgie in Regensburg, ist oft die letzte Hoffnung für ihre Patienten. Trotz jahrelanger Erfahrung ist eine solche Situation »auch immer ein seelischer Schmerz für mich«.

Ich betrete das St. Josef-Krankenhaus in Regensburg nicht als Patient. Und doch gibt es in dem Augenblick, da ich die Tür öffne, die zur Chefärztin führt, jene Veränderung, die ich immer spüre, sobald ich in eine Klinik komme, und diese Veränderung hat einen Namen: Hochachtung. Hochachtung und die verloren geglaubte Erkenntnis, dass sich hier alles relativiert; dass das vermeintlich Wichtige da draußen im Leben in diesen Räumen plötzlich ganz unwichtig geworden ist.

»Wenn Sie erklären müssen, was am nächsten Morgen passiert, wenn eine Patientin zum Beispiel Brustkrebs hat«, sagt die Frau im weißen Kittel zu mir, »dann ist das ein seelischer Schmerz auch für mich – können Sie das verstehen?«

Frau Dr. Marita Eisenmann-Klein erwartet keine Antwort. Sie schaut mich nur lange mit einem tiefen Blick an, der schon so viel menschliches Leid und Elend gesehen hat: Kinder, deren Haut verbrüht ist, Männer, von einem Auto- oder Motorradunfall grausam entstellt, und immer wieder Frauen, die ihr Leben in die Balance bringen wollen, weil sie unter ihrem Aussehen leiden. Und dann vor allem jene Patientinnen, die mit der Diagnose Krebs zu ihr in die Praxis kommen.

»Es gibt leichtere Berufe, ein angenehmeres Leben als das, was Sie sich erwählt haben.«

»Das mag sein, aber ob es ein sinnvolleres Leben gibt, das frage ich mich dann doch. Ich war sechzehn Jahre alt, als ich in Rosenheim zusammen mit meiner Großmutter meine geliebte Tante gepflegt habe. Schon damals hatte ich den Wunsch, helfen zu können, einfach nur helfen, aber ich war mir nicht sicher, ob ich das auch wirklich durchhalten kann.«

»Welche Fähigkeit ist in Ihrem Beruf die wichtigste?«

»Selbstkritik, aber das gilt für alle Chirurgen. Wir müssen schnell entscheiden können, müssen Entscheidungen notfalls innerhalb von Sekunden anders treffen, wir müssen, zumindest in meinem Fach, ein ästhetisches Empfinden haben – und wir müssen genau zuhören können, was die Patienten wünschen und wollen.«

»Gibt es Situationen, dass Sie beispielsweise einer Frau, die eine neue Nase wünscht, die Operation verweigern?«

»Ja, wenn das Risiko voraussichtlich in keinem Verhältnis zur erhofften Wirkung steht.«

Nun sprechen wir über den »neuen Patienten«, der sich aufgeklärt gibt, der durch die Medien informierter ist, als es in früheren Zeiten üblich war, der auch seinen Respekt vor den »Göttern in Weiß« längst auf Normalmaß heruntergefahren hat. »Gibt es für Sie da Probleme?«
»Überhaupt nicht. Ich sage immer zum Einstieg in eine Behandlung zu meinen Patienten: Sie werden von mir die ganze Wahrheit erfahren, und zwar Sie als Erster und Sie ganz allein, es sei denn, Sie wollen sie nicht hören. Ich dränge mich da nicht auf, ich biete das nur an.«
Der schöne Nebeneffekt: Seit Frau Dr. Eisenmann-Klein so verfährt, ist die Zahl der Prozesse mit enttäuschten Patienten, die es natürlich auch gibt, drastisch gesunken.
»Aber die Wahrheit ist natürlich auch: Wir machen Gesunde erst einmal krank, ehe sie sich nachher besser fühlen. Das ist eine völlig andere Ausgangssituation als in jedem anderen Bereich der Medizin.«
»Und das Erfolgserlebnis?«
»Wenn die Patienten zur Nachuntersuchung kommen und sagen: Bei jedem Blick in den Spiegel denke ich an Sie, Frau Doktor, mein Leben hat sich verändert, ich kann Ihnen gar nicht sagen, wie viel besser ich mich fühle, wie glücklich ich bin.«

Freimütig gibt Frau Dr. Eisenmann-Klein zu, dass sie nicht genug Kraft hätte, wenn zwanzig Krebspatienten auf einer Station liegen würden, aber vier, fünf, das geht.

Auf meine letzte Frage, ob sie nicht auch ein bisschen stolz sei, mit ihren Erfahrungen und ihrem Einsatz den Kranken helfen zu können, kommt eine verblüffende Antwort.

»Stolz?« Frau Dr. Eisenmann-Klein zögert. »Stolz war ich, als ich bei einem Kongress in Yokohama hörte, wie der Schwiegersohn des japanischen Kaisers von seinem Schicksal berichtete, als er behutsam schilderte, dass er nach einem Kehlkopfkrebs nicht zu uns würde sprechen können, wenn nicht ein Arzt ihm seine Stimmbänder rekonstruiert hätte. Ja, das war für mich ein bewegender Augenblick, denn er zeigte mir, was wir Ärzte in unserem Fach für fantastische Möglichkeiten haben.«

»Bei Mord ist die seelische Fallhöhe immer am größten«

Helmut Ringelmann, Produzent so erfolgreicher TV-Serien wie »Der Alte«, »Derrick« und »Der Kommissar«, glaubt fest daran: Bei Liebe, Leid und Trauer sind sich weltweit alle Menschen ähnlich, »wenn nicht sogar gleich«.

»Wir sind hier doch nicht bei Derrick, ich dachte, Sie wollen mit mir ein Gespräch führen, nicht aber ein Verhör.«

Helmut Ringelmann, der Erfolgsgewohnte, beugt sich hellwach vor, als ich ihn mit der Frage überfalle, ob er sich jener »erschreckenden Tatsache« bewusst ist, dass er als Krimi-Produzent zu der Welle von Gewalt, die es Tag für Tag bei uns gibt, abends noch eine zweite Welle von Brutalität in seinen Krimis hinterherschickt.

Denn immerhin sind es im Durchschnitt zwischen zwölf und 15 Millionen Zuschauer, die nun schon 217 Folgen von »Derrick« gesehen haben: nach 175 Folgen »Der Alte« mit Siegfried Lowitz und Rolf Schimpf, nach 130 Folgen »Polizeiinspektion 1« mit Walter Sedlmayr, nach 97 Folgen »Der Kommissar«

mit Erik Ode – Ringelmanns perpetuum mobile ist da ohne Beispiel.

»Das mit der Brutalität – das stimmt nicht«, widerspricht der Großmeister des deutschen Krimis.

»Bei mir explodieren keine Telefonzellen, gibt es keine Autojagden – die finde ich übrigens langweilig. Und Bluttaten werden nur gezeigt, wenn es dramaturgisch unbedingt nötig ist.«

Und dann sagt er allen Ernstes etwas, womit ich nicht gerechnet habe: »Ihre Frage ist sicher gesellschaftspolitisch gemeint. Umso mehr wird Sie verblüffen, wenn ich Ihnen sage, dass ich den Krimi als eine moralische Aufgabe ansehe.«

Nun bin ich baff – und Helmut Ringelmann spürt es. Mord und Moral – wo ist denn da der gemeinsame Nenner?

»Wir führen den Zuschauer für die Dauer einer Stunde in einen Fall hinein – und was viel wichtiger ist: Wir führen ihn da auch wieder heraus. Der Zuschauer sieht die Opfer, die Verdächtigen, er erlebt ein brisantes psychologisches Drama, er kann seine eigene Fantasie spielen lassen, beispielsweise wie er sich selbst als unschuldig Verdächtiger verhalten würde – das kann schließlich jedem passieren.«

»Und dazu muss es immer ein Mord sein, geht's nicht eine Nummer kleiner?«, frage ich.

»Beim Mord ist die seelische Fallhöhe am größten. Das wusste schon Shakespeare, der ja auch seine Morde sogar an Königsthronen spielen ließ. Ginge es nur um einen Taschendieb – Sie hätten nicht diese seelische Fallhöhe, die Sie aber brauchen, wenn Sie ein Millionenpublikum fesseln wollen. Und das will ich.«

Es ist nun über fünfundzwanzig Jahre her, dass Helmut Ringelmann beschloss, den »deutschen Krimi« zu schaffen, die uneinnehmbar scheinende Bastion der brillanten englischen, französischen – vor allem aber der amerikanischen Krimis anzugreifen.

Sein Geheimrezept, entstanden nach wochenlangen Überlegungen, wurde zum bestaunten Erfolgsrezept – aber erst heute mag er es verraten.

Zur Rezeptur gehören immer:

1. Ein Drehbuch, »an das ich felsenfest glaube. Nur wenn ich an einen Stoff glaube, mache ich ihn.«

2. Ein Ensemble, das bis in die letzte Charge mit dem jeweils besten Schauspieler besetzt ist, »und wenn er auch nur fünf Sätze zu sagen hat«.

3. Und das Wichtigste: Ein Kommissar, der in unserer heutigen Zeit, in der alle immer nur reden und reden und reden, über die kostbare und seltene Gabe des Zuhörens verfügt: »Denn erst Zuhören schafft Vertrauen.«

Die Dramatik eines guten Krimis entstehe nicht durch quietschende Reifen, sondern durch die seelischen Verstrickungen. Und die spielten sich in den Gesichtern der Schauspieler ab:

»Jean Gabin hatte beispielsweise in seinem Vertrag, dass es in jedem seiner Filme eine Passage gab, in der er ein langes Telefongespräch führt, bei dem er fünf Minuten lang nur mit seiner Mimik auf das antwortet, was er da gerade erfährt. Das ist spannender als vieles andere.«

Und dann erklärt der Erfolgsproduzent, was das Geheimnis jenes Kommissars ausmacht, der am längsten auf den deutschen Bildschirmen zu Hause ist: »Natürlich könnte auch Horst Tappert als Kommissar Derrick seine Schauspielkunst jedes Mal voll aufdrehen, aber das würde sich bei über hundert Folgen abschleifen, es würde nicht funktionieren.

Im Gegenteil: Gerade weil er sich als Schauspieler immer wieder zurücknimmt, weil er menschliche Fehlhandlungen zu begreifen vermag – so verzögerte er einmal sogar die Verhaftung einer todkranken Täterin –, gewinnt er das Vertrauen der Zuschauer.

Und doch bleibt er der Drachentöter, der nach einer Stunde Spannung den Zuschauer entspannt entlässt. Und immer mit der versteckten, aber unübersehbaren Botschaft, dass sich Verbrechen nicht lohnt. Sie sehen: Am Ende kommen Mord und Moral wieder zusammen.«

»Wenn ich Sie richtig verstehe, dann sind die seelischen Verstrickungen zugleich auch das Strickmuster des weltweiten Erfolges?«

»Natürlich, denn im Seelischen, da sind sich alle Menschen ähnlich, wenn nicht sogar gleich.

Liebe, Leid, Tränen, Hass, Gewalt, Trost, Trauer, das sind Chiffren, die gelten in Los Angeles wie in Tokio, in Peking wie in Moskau. Sobald Sie die emotionale Seite ansprechen, erreichen Sie weltweit das gleiche Publikum.«

Natürlich weiß der Krimi-Magier, dass er hinter den Kulissen für ein Medium arbeitet, das die Faszination der Anfangsjahre längst verloren hat.

»Es gab mal Zeiten, da wurde ich vom Gaststättenverband verklagt, weil meine Serien die Leute zu Hause so sehr fesselten, dass keiner abends mehr ausging. Wir hatten Einschaltquoten bis zu 97 Prozent, davon kann man heute natürlich nur noch träumen.«

Aber es ist kein wehmütiger Blick, den er diesem Satz hinterherschickt.

Warum auch? Wer Quoten hat wie er heute, der hat die Zuschauer, und wer die Zuschauer hat, und zwar Millionen Woche für Woche, der muss nicht nach dem Sinn seiner Arbeit fragen.

Peter Bachér
Glücklicher Sonntag

Von Glück und Liebe, Menschlichkeit und Freundschaft

Peter Bachér versteht es in seinen Geschichten meisterhaft, sein Augenmerk auf das zu richten, wofür es sich wirklich zu leben lohnt – besonders in einer Welt voller Zweifel und großer Ungewissheit.

»Er ist die gefühlvollste Feder, die Deutschland hat.« *Bild*

»Ein Zauberkünstler der Worte.«
Welt am Sonntag

»Wer sich mit Peter Bachér auf einen Gedankenspaziergang begibt, wird nach jeder Geschichte kurz innehalten, die Augen schließen und für einen Moment die Zeit vergessen.«
Hörzu

224 Seiten, ISBN 3-7844-2893-2
Langen Müller

Lesetipp

BUCHVERLAGE
LANGEN MÜLLER HERBIG NYMPHENBURGER
WWW.HERBIG.NET

Sir Peter Ustinov
»Ich glaube an den Ernst des Lachens«

Ustinov über Ustinov: Amüsantes, Hintergründiges, ganz Privates

Das Multitalent als brillanter Erzähler und kritischer Beobachter: Peter Ustinov schildert im Gespräch mit Felizitas von Schönborn geistreiche Anekdoten aus seiner ungewöhnlichen Biografie. Er nimmt dabei Stellung zu Themen, die ihn auf seinem Weg durch Länder und Kulturen beschäftigt und berührt haben. Ein ganz persönliches Porträt, das aufschlussreiche Einblicke in das bewegte Leben eines großen Künstlers gewährt.

»Ein Buch in Gesprächsform – wer je in den Genuss eines längeren Gesprächs mit Ustinov kam, weiß, was für ein unerhörtes Vergnügen das ist.« *Welt am Sonntag*

256 Seiten, ISBN 3-7844-2661-1
Langen Müller

Lesetipp

BUCHVERLAGE
LANGEN MÜLLER HERBIG NYMPHENBURGER
WWW.HERBIG.NET